游泳运动

从入门到精通

【美】斯科特·贝（Scott Bay）著 韩照岐 韩臣 王雄 译

人民邮电出版社

北 京

图书在版编目（CIP）数据

游泳运动从入门到精通 /（美）斯科特·贝
(Scott Bay) 著；韩照岐，韩臣，王雄译. — 北京：
人民邮电出版社，2017.1
ISBN 978-7-115-43750-1

Ⅰ. ①游… Ⅱ. ①斯… ②韩… ③韩… ④王… Ⅲ.
①游泳－基本知识 Ⅳ. ①G861.1

中国版本图书馆CIP数据核字(2016)第284585号

版权声明

免责声明

作者和出版商都已尽可能确保本书技术上的准确性以及合理性，并特别声明，不会承担由于使用本出版物中的材料而遭受的任何损伤所直接或间接产生的与个人或团体相关的一切责任、损失或风险。

内 容 提 要

本书经过理论与实践验证的翔实练习方法和训练计划将帮助使用者掌握自由泳、仰泳、蛙泳、蝶泳、出发、转身、公开水域游泳、求生游泳 8 大类游泳技术，提高泳者在泳池或公开水域中的信心。本书通过 177 幅专业游泳运动员的全彩示范照片、详细的分步骤说明、常见错误及解决方案，帮助泳者掌握不同技术动作中手臂和腿部等身体部位的适当姿势；不同难度等级的专项训练帮助泳者有针对性地加强对技术动作的理解与实践；书中的评分系统用于衡量学习是否成功，并帮助泳者确定是否准备好进入下一个新技能的学习。

无论是教练还是游泳初学者，或是期望提高自己水上运动技能的游泳爱好者、运动员，都能从本书中获得帮助。

◆ 著　　　 [美] 斯科特·贝（Scott Bay）
　 译　　　 韩照岐　韩 臣　王 雄
　 责任编辑　李 璇
　 责任印制　周昇亮

◆ 人民邮电出版社出版发行　　北京市丰台区成寿寺路 11 号
　 邮编　100164　　电子邮件　315@ptpress.com.cn
　 网址　https://www.ptpress.com.cn
　 涿州市般润文化传播有限公司印刷

◆ 开本：700×1000　1/16
　 印张：15.25　　　　　　　　2017 年 1 月第 1 版
　 字数：342 千字　　　　　　 2025 年 4 月河北第 31 次印刷
　 著作权合同登记号　图字：01-2016-4058 号

定价：68.00 元
读者服务热线：（010）81055296　印装质量热线：（010）81055316
反盗版热线：（010）81055315

谨以此书献给我的家人。

推荐序一

游泳运动，从1896年第一届奥运会起，就列入了奥运正式竞技项目。游泳不仅是奥运竞赛中的基础大项，更是老少咸宜、有益健康的全民普及运动，在全世界拥有众多的爱好者。随着时代发展，游泳也不再是夏季专属项目，一年四季人们都可以在室内泳池里体验到畅游的乐趣。

作为一个体育行业的游泳人，我一辈子都在和游泳打交道。我是上世纪八十年代的游泳运动员，有14年的专业队经历，退役之后转为教练，至今执教23年。所带弟子中，除了叶诗文是奥运冠军，另有4名世界冠军和三十多个全国冠军，为国家队和浙江队培养了一大批如傅园慧、陈慧佳、吕志武、徐嘉余和李朱濠等为代表的优秀游泳人才，弟子们的成功，始终是我最自豪的事。对我来说，竞技游泳是一项既痛苦又快乐的事业，长年日复一日地泡在泳池边非常枯燥，但每一次队员的进步和成长，都给了我无限的满足和幸福。

游泳是一项以水为环境介质的运动，在竞技体育中属于体能主导竞速竞技性项目。人体在水中前进要克服的阻力要远远超过陆上项目，因此要在水中游得更快，不但要增加体能储备、提升人体机能素质水平以提高推进力，还要在水中控制好身体姿态，有良好的技术节奏以减少阻力。所以，无论对于初学者还是运动员，动作姿态和技术都是关键，而你现在看到的这本书，详细地介绍了各种规范性游泳技术和动作要领的掌握，让你从一开始就游得更快更省力，从入门到精通，甚至走向专业。

除了参加竞技游泳的运动员之外，游泳更是每个人都应该掌握的一项基本生活和求生技能。游泳健身好处良多，可以提升人体对寒冷环境的免疫能力，减少炎症风险，同时人在游泳时身体处于水平状态，为血液循环创造了更佳条件，有利于提高心血管系统机能；游泳对呼吸有很高的要求，可以提升肺活量和呼吸系统机能，缓解哮喘等病症；另外，水环境还可以避免多种运动伤病，有效缓解和放松身体和中枢神经的疲劳，加强四肢和躯干的肌肉运动，帮助泳者塑造健美体态。

这本《游泳运动从入门到精通》，涵盖内容非常广泛，介绍了从入门的漂浮练习和熟悉水性，到四种基本泳姿的进阶性练习，出发和转身的关键技术要素，还谈到了在公开水域和救生游泳的技能掌握和计划安排的常见性问题。作者斯科特·贝是美国泳协的资深技术专家，有多年在各个级别游泳教学和训练的丰富经验，基本的内容观点我都非常赞同。另外，本书的三个译者：韩照岐老师、韩臣老师和王雄老师，是我多年的兄弟、同事和战友，他们的专业水平和敬业精神让我信任和欣赏，书的翻译是一项辛苦而繁杂的工作，在此向他们致敬，并祝贺他们！

作为一个游泳人，衷心希望更多的游泳学习者、爱好者通过本书获益，也希望国内更多热爱生活、热爱运动的人投入到这项健康有益的运动中来。更希望国内更多的朋友，特别是儿童和青少年都可以学会游泳，学好游泳，一辈子热爱游泳！

二零一六年十一月于北京

推荐序二

游泳改变了我的人生。我在佛罗里达州温特黑文长大，从一个被其他运动项目淘汰的孩子成长为一名奥运游泳冠军。现在我是一名游泳运动的电视评论员，这个工作让我对自己所热爱的游泳运动的激情得以延续。

我多年前就已认识斯科特·贝（Scott Bay）教练，我们有过许多次愉快的谈话，都与游泳运动有关：它的历史、它的发展，以及最重要的、最近的技术进步。我们在学术会议上已经有过几次合作，我们总是能很好地交流彼此的想法和观察。贝教练的确对这项运动有深入的研究。

在本书中，贝教练解释了如何学好游泳的一些技术元素。精英泳手总是会有自己独特的差异，我鼓励大家去发现属于自己的心得。本书可以作为您学习游泳的起点，您从中能够获得有关游泳技术和教学的中肯意见。

因此，不管您是出于好奇而拿起本书，还是因为希望了解游泳而一直在寻找它，您都会喜欢贝教练的详细指导，从而踏上通往乐趣、健康和游戏比赛的神奇之旅。

祝您旅程愉快！

罗迪·盖恩斯（Rowdy Gaines）
三枚奥运金牌得主和电视评论员

目录

扫描右方二维码添加企业微信。

1. 加入体育爱好者交流群。

2. 不定期获取更多图书、课程、讲座等知识服务产品信息，以及参与直播互动、在线答疑和与专业导师直接对话的机会。

勇攀游泳巅峰

数千年来，人们公认游泳既是一项体育运动，也是一项娱乐活动。在最高水平的比赛中，运动员游起来显得那么优雅和轻松，似乎毫不费力。而另一方面，对于初学者或新手来说，游泳似乎是一件苦差事，只有那些拥有这种天赋的人才能游好。然而，事实上任何人都可以学会游泳，并且可以游得好。基于这一目标，本书将告诉您如何在水中感觉更舒适，并帮助您提高每种竞技游泳项目的技能。

第1章从基本知识开始：漂浮，帮助您找到自己的自然浮力。第2章讲述利用水来向前推进的方法。第3章至第6章介绍4种竞技游泳类别的基础知识：自由泳、仰泳、蛙泳和蝶泳。第7章和第8章侧重于转身和出发，第9章介绍开放水域和遇难求生时的游泳。第10章是最后一步，针对继续发展游泳旅程提供一些指导。

逐步掌握是系统性学习游泳的方法，让您的游泳技能建立于扎实的基础之上。在本书每一步中，您都应遵循以下方式来完成。

1. 仔细阅读步骤中的所有材料。

2. 研究技术动作的照片，如有必要，在镜子或他人的帮助下，重复这些动作。

3. 研究教练发现的常见错误，尽可能避开它们！

4. 当阅读和执行练习时，请记住，它们的设计通常是针对特定技术缺陷的"过度修正"。练习旨在帮助您建立新的动作模式。完成每个练习后，记得进行自我评分。

5. 在每一步的最后，检查"成功摘要"中的关键点，确保自己理解了这些内容。然后，统计在该步骤中的练习总分，确保您已经达到了必要的成绩水平后，再继续开始下一步的学习。

在成功完成所有步骤后，您将会开始领悟到，游泳并不是那么依靠蛮力，关键是动作的时机和节奏。正确的游泳需要大量开动脑筋思考后的实践，若觉得难以执行某个特定的技能时，请重新回顾这些步骤，这将会很有帮助。

游泳是一次旅程，而本书旨在帮助您一步一个脚印地完成这一旅程。本书规划的每一步都侧重于特定的技能，以及增减其难度的方法。如果觉得难以执行某个特定的技能或步骤，请记住，游泳包括一系列不属于任何其他运动的复杂动作，要对自己有耐心和信心。关键是要看到自己的进步。与任何旅程一样，不管多长或多短，我们都要勇敢地走出第一步。

游泳运动

本书是帮助您更好地了解游泳基础知识的指南。游泳可以被简单地定义为在水中推进自身的行为。作为一本指导性书籍，本书无法全面地介绍适用于游泳运动的所有规则和理论。本书将介绍该项运动的概况，以及教练和泳手常用的一些游泳术语。贯穿全书，每个术语都会在其常用的上下文中做进一步定义。

游泳运动已经存在了数千年，至少可以追溯到公元前36年，当时的日本民众举办了有组织的游泳比赛。从那时起直至今日，确定游泳比赛获胜者一直非常简单：谁第一个到达终点！多年来，这项比赛已经涵盖了多种距离，从大约25码（约23米）到以英里或公里为单位的长度。

游泳比赛可以进一步划分成不同的规则或泳姿；还包括使用各种泳姿的混合泳以及团队接力赛。在现代游泳运动中，泳姿包括自由泳（又称爬泳）、仰泳、蛙泳和蝶泳。现代比赛规则规定了每项游泳运动的具体细节，但每场比赛的基本结构是相同的：出发、游泳和到达终点。

水中环境

游泳与其他运动有几个方面的不同。一方面，游泳不一定是人类天性就有的自然活动。事实上，人类与在水生环境中生活的物种并没有什么相似之处；例如，鱼没有颈部。因此，为了游泳，我们人类必须做出一些调整，部分原因是要适应我们的差异，并且还要利用它们。

要成功地游起来，首先必须熟悉水的环境，这与我们一般日常生活的陆上环境有极大的不同。如果您了解人类和水生生物之间的主要区别，这就会容易得多。首先，作为主要在陆地上活动的动物，我们直立行走，在大多数醒着的时候，我们的自然姿势基本上是垂直的。但是，在水中，我们要做的大部分动作都涉及到水平姿势，对于大多数人而言，需要一些时间来适应这种差异。

此外，在许多运动中，成功在很大程度上取决于力量和速度。但是，在游泳运动中，没有固体可供我们借力；因此，虽然力量在游泳中的确很重要，但更重要的是，要以正确的方法对水施加压力。因为水是流体，它在我们周围移动，而不是像固体那样坚定地提供反作用力。同样，游泳速度并不一定来自更快速地移动身体部位，而是来自利用自己的动作以有效的方式去对水施压。参加过水中有氧运动的人都可以证实，在水中可能花了极大的力气，却一点也没有移动。

　　游泳也改变了人类感官通常的优先顺序，以及它们所提供的反馈。在陆地上，我们与环境的大部分典型交互与视觉和听觉有关。但是，在水下，这两种感觉都会减弱，因此往往排在触觉或"感觉"的后面。

　　当然，这种感觉反馈的一部分是水温，水温极大地影响了一个人在游泳时的舒适度和享受感。此外，很冷和很热的水都会对健康造成威胁。具体来说，水温低于72华氏度（约22摄氏度）或高于92华氏度（约33摄氏度）时都需要特别小心，因为这会造成不舒服的学习和锻炼环境。

　　最后一点，这也许是游泳与其他运动之间最明显的区别，我们必须专门去解决在什么时候（在哪里）呼吸的问题。在其他多数运动中，呼吸并不需要太多下意识的思考。不过，在游泳时，呼吸往往是一个关注焦点，因为吸入水会让人非常难受。这一点导致的结果是，许多泳手觉得必须先吸一大口气，然后在游泳时尽量长时间地屏住呼吸。这种方法通常会导致很差的体验，如换气过度，或者甚至得出"游泳太辛苦"的结论，并完全放弃。

　　后续章节我们将更详细地讨论游泳的各项特征，它们构成助您迈向成功的每一步！

游泳场地：泳池

　　游泳池有各种各样的大小和形状，附带的各种配置可以提供很好的学习和培训场地。在正式比赛中，只会使用经过认证的泳池，而且它们有各种经过严格测量的距离。在美国，许多年龄组和大学的比赛都采用所谓的码制短池（SCY，short-course yard），其长度为25码（约23米）。美国是在这种类型的泳池中进行比赛的唯一国家，而其他国家通常使用米制短池（SCM，short-course meter），其长度为25米（约27码）（图1）。因为米比码长10%左右，在米制泳池中的游泳记录时间比在码制泳池中的记录时间更长。

注意，在本书中，泳池的尺寸使用码作为单位。如果您使用以米为单位的游泳池，也可以使用描述中给出的相同数字。例如，如果说明是游25码，也可以是指25米。

　　竞技游泳的另一种场地类型是米制长池（LCM），通常称为奥林匹克标准游泳池。LCM泳池的长度为50米（约55码），尽管它们在奥运电视转播中看起来可能并不是特别长，但在这种泳池中游泳的体验与在短池中游泳有很大的不同。

　　所有这些比赛泳池都具备某些标准功能，如出发台和仰泳标志旗（相比前者更重要，将在本书第4章中讨论）。这一串标志旗（或三角旗）跨越泳池的所有泳道，距离池边5码或5米，提示仰泳泳手正在接近池壁，这是一项很关键的安全功能。比赛泳池还配备出发台或平台。此外，在比赛中，池壁安装了一块很薄的传感器，以记录每个泳手第一次触碰池壁的时间，而不是依赖于手持计时器。

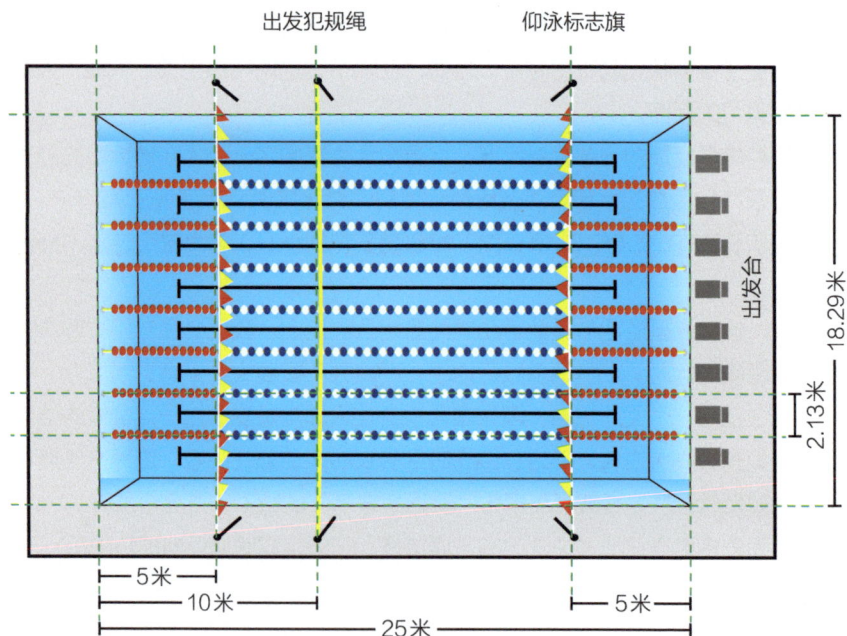

图1　25米泳池

泳池比赛

　　大多数游泳运动会和比赛在泳池（而不是在公开水域的环境）中举行。全球的比赛场馆都在上述类型的泳池中举办各种泳姿和距离的赛事。每个国家的泳联都有自己的细微规则变化，但游泳比赛的基本结构始终是相同的。所有参赛者同时开始，遵守规定的泳姿规则，并且最终按从最快到最慢的顺序进行排名。

　　在参赛者比泳道多的赛事中，比赛会安排多轮或安排预赛。预赛可以用于产生决赛的泳手，也可以用作预先分组，将速度相近的泳手安排在同一场，来自任何一场的最佳时间可以赢得比赛。这些安排可以用来确定进入决赛的种子泳手，或者让速度相近的泳手一起游，并对各场预赛进行计时，游得最快的运动员被宣布为胜利者。比较来自不同预赛场次的时间已变得更加容易，这要归功于精密的计时设备的发展、标准化且经过认证的泳池长度，以及当游泳运动员接触时可自动停止计时的触摸板。

准备工作：服装

　　为了学习游泳运动，或为比赛进行有效的训练，您需要特定类型的装备。对于初学者来说，选择合适的泳装是非常重要的。它既可以帮助您喜欢游泳，也可以让您在水中更舒适。市场上有多种类型的现代泳装，它们有不同的面料和裁剪。穿到海滩的泳衣对于游泳锻炼来说并不一定是最好的选择，因为沙滩装的设计重时尚而轻功能。在另一方面，泳装一直在发展以最大限度地提高其合身度和功能。

泳装

不同于古代泳手，现代参赛者当然必须穿某种泳装。泳装设计在这些年来发生了巨大变化，今天的男性通常选择短裤或"及膝泳裤（jammer）"，后者从腰部一直到膝盖以上。这些合身的泳装通常用富有弹性的材料制成，比如尼龙、氨纶、聚酯纤维，或是它们的组合。女性一般穿连体泳衣，遮住从大腿中部到肩膀的身体部分；泳装有多种风格和剪裁。针对训练目的，泳手可以选择使用不那么昂贵或较少限制的任何一种泳装，或者针对训练目的提供一些额外元素的泳装，比如，宽松的泳装可以增加阻力。

泳镜

泳镜已经存在了很长一段时间，但进入20世纪70年代后才得到广泛使用；它们现在被认为是游泳运动中不可缺少的一部分。由于多种原因，泳镜有很多种款式。如何才能知道应该买哪一种款式呢？有些款式是针对特定活动设计的，如斯库巴潜水、浮潜或铁人三项，而有些款式则有不同的尺寸、形状和色彩。

质量的评估依据不应该是价格，而是合适度。最好的泳镜是适合您戴的泳镜，也就是说，舒服地戴在脸上，并且保持不进水的泳镜。请记住，其目的是为了让您看得更清楚，并减轻泳池中的化学品或者公开水域环境中其他刺激源对眼睛的刺激。为了测试合适度，将眼罩放在眼窝上，眉毛所在的骨头部分的下方，嵌入眼窝较软的部分。不要使用带子，轻轻将眼罩按下到这个软组织，看看它们是否可以停留几秒不掉下来；如果可以的话，这是一个不错的选择！带子的作用只是保持眼罩的位置，当然，不应该把带子调得很紧，这样会伤害眼睛。带子应套在耳朵上方，包住后脑勺靠近头顶的位置（而不是在脖子附近的头骨底部）。

除了这些基本知识以外，泳镜的选择是个人的事，就像高尔夫球员选择球杆那样。要考虑的因素包括个人的脸形和头围，有些人偏爱泡沫、硅酮或橡胶的垫圈（或完全没有垫圈）。垫圈仅仅是泳镜的一部分，与眼部周围的皮肤接触，或者说是塑料和脸部之间的屏障。在很大程度上，只需要选择最适合自己的类型。大多数体育用品商店和游泳用品专门店都提供多种泳镜，您只需要请店员拿一个样品，或请求他们允许可以打开包装，以检查合适度。

泳帽

长头发泳手戴泳帽的原因通常有两个。第一，它使头发不会露出来，并减少阻力；第二，它可以保护头发免受水中刺激性较强的化学品或其他环境因素的损害。这些环境因素包括室外环境的太阳、在水中的细菌，以及水中的其他化学物质，比如，从其他游泳的人身上掉下来的残留防晒霜、下雨的时候从平台上冲下来的化学物质，或者在开放水域环境中可以找到的其他化学品污染。泳帽通常用乳胶、硅胶或氯丁橡胶（可用于非常冷的水）制成，也有部分泳帽用纤维织物制成；它们有多种款式和价格。如果您决定要戴泳帽，注意选择一顶适合自己的。泳帽的大小往往是均码的，但不同品牌之间的确存在细小的差异。请记住，就像橡皮筋那样，泳帽子可能会被撑破；它们的包装中通常会有一份使用指南。

准备工作：训练器材

在游泳中，通常会使用训练器材来进行练习，通过增加阻力来提高游泳特定的动作。它也可以作为一种辅助装置，使泳手可以孤立一个特定动作或一组技能。这项运动不一定需要这些器材，但它们有助于掌握和完善很多技巧和练习。许多场馆会向顾客提供这些器材，允许您试用，如果您选择购买自己的器材，就可以通过试用来了解自己要寻找什么样的产品。在游泳中常用的器材包括浮板、脚蹼、划水板、夹腿浮标和呼吸管。

浮板

浮板（图2）是许多泳手的训练包中相当常见的一件器材。它通常用某种泡沫制成，以提供浮力。其目的是提供一种辅助浮力，使泳手可以单独训练腿部动作。它经常被用于训练所有4种竞技泳姿。

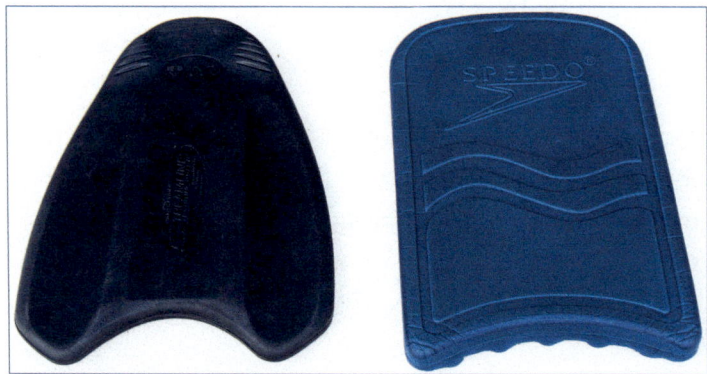

图2　两种不同款式的浮板

脚蹼

在游泳训练中，经常使用脚蹼来增加腿部动作的阻力，这有助于游得更轻松或加大练习的难度。它们有多种形状和尺寸（图3），有些专门针对特定竞技泳姿设计，例如，单蹼和蛙泳蹼。单蹼是针对蝶泳腿的训练工具。蛙泳蹼也专门特定于蛙泳蹬腿，由于它增加了对腹股沟区域和膝部内侧的压力，应只在懂行的教练的监督下使用它，并且泳手应该有足够的技术训练和力量才可以受益于额外的阻力。对大多数泳手来说，训练用中等大小的脚蹼就可以了，但是，在开始的时候，为了防止受伤，最好使用较短的脚蹼。下肢（尤其是脚踝）的力量或柔韧性较差的人绝对应该使用中等或较短的脚蹼，长度为6至9英寸（约15至23厘米），以防止长脚蹼（经常出现在潜水商店）产生的附加压力和阻力对那些关节造成过大的应力。此外，短脚蹼（不足6英寸或15厘米）经常被用来增加一点点额外的阻力，同时保持打腿的频率和节奏。像泳镜那样，合适度是非常重要的。不能太紧或太松，有些泳手喜欢穿袜子，因为这样会在穿着脚蹼时更加舒适。这与试穿鞋子非常相似。

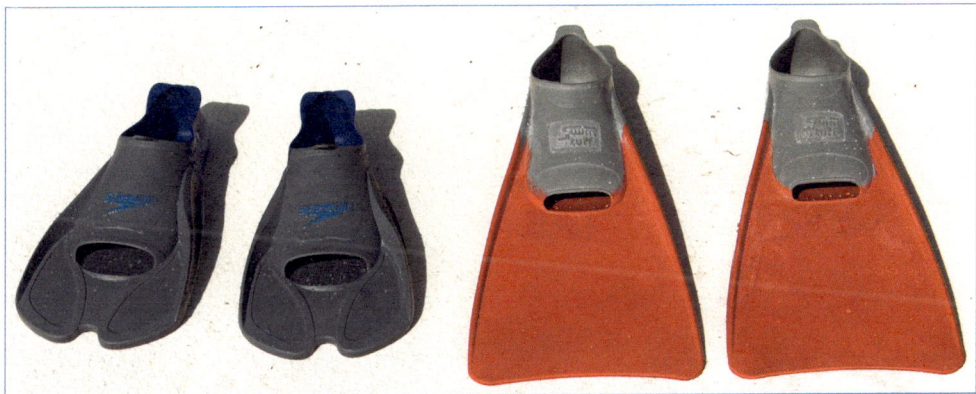

图3　各种长度的脚蹼

划水板

像泳镜和脚蹼那样，划水板也有多种形状和大小（图4）。划水板的用途往往是通过增加手部的表面积来产生额外的阻力。像脚蹼那样，在使用划水板时应十分小心，因为对水的更大压力会对关节造成额外的应力，在使用划水板的情况下，受力的是肩膀。因此，为了将受伤的风险降到最低，新手应该使用较小的划水板。

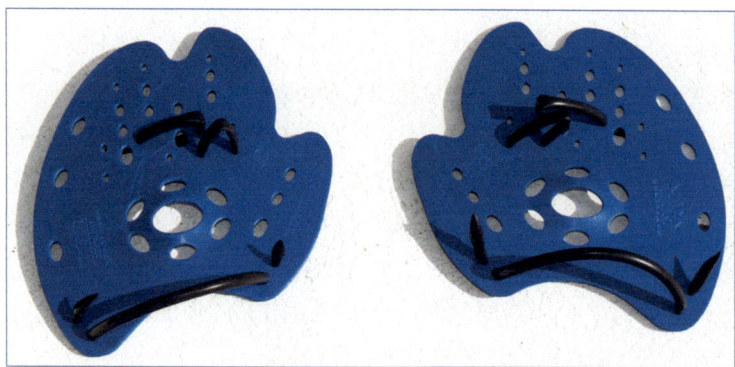

图4　划水板。大小和形状差异很大，具体取决于制造商和使用目的

夹腿浮标

夹腿浮标（图5）被放在大腿之间，刚好在膝盖上方，泳手并紧大腿，将它保持在适当的位置。这种结构防止泳手有效地使用自由泳或仰泳中的打腿，从而孤立手臂并训练游泳划臂的划水动作。

图5　夹腿浮标。不同制造商的产品有不同的大小和形状

呼吸管

游泳式呼吸管是一项相当新的技术（图6）。当然，传统的侧置式呼吸管已经存在了多年，但较新的中置呼吸管是专门为游泳训练而设计的。它可以让运动员完全专注于自己的泳姿，不需要另外顾及在什么时间什么位置呼吸。

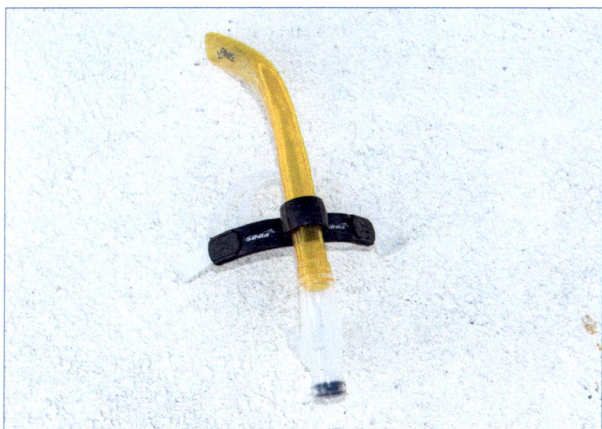

图6　游泳式呼吸管通常是中置的，而不是像斯库巴潜水用的那种侧置式，有一条环绕头部的带子

准备工作：练习及其目的

由于身体动作由大脑控制，游泳活动（一种对于人类来说非自然的活动，需要复杂的、定时发生的动作）要求我们大脑制定在水中有效控制身体的方案。这个过程有时被称为培养"肌肉记忆"，但它实际上涉及大脑印刻和模式化。考虑到这一点，本书中的每一步都介绍了几个练习，目的是将相关的运动模式印刻在您的大脑中，使您可以轻松地、一遍又一遍地复制它们。注意一点：部分练习印刻的是过度修正的动作，后续实际应用中可以予以改进。

正如前面提到的，泳手经常使用训练器材来帮助自己掌握新技能或印刻新运动模式。然而，我们还必须注意，不要变成依赖那些器材才能在水中有技巧地轻松移动。另外，成功的判断标准是正确地做练习和使用器材，而不是游得快。正如任何学习一样，有些泳手进步得比别人快，而且每个技能都会带来新的挑战。因此，自己要有耐心，游泳是一个学习过程，需要一定的时间。

游泳是最好的运动之一，因为参与者的年龄跨度可以很大，从儿童到老人皆可。有些比赛甚至还有95岁及以上的年龄组！运动员可以参加这项运动这么长的时间，并且在这么大的年纪参加，是因为它对人的影响较小，甚至没有影响，而且它使人能够专注于技术和有效的移动。科学告诉我们，在人生的某个年龄后，我们不会再变得更加强壮，不再增加耐力；然而，即使您可能无法在某个年龄后游得更快，游泳也始终是您一生的良师益友。

现在，让我们继续介绍学会游泳的每一步，同时帮助您学习和实践各项技能，为终身享受游泳乐趣提供坚实的基础！

第1章　漂浮

第1章的目标是从垂直姿势转换为水平的中立姿势，这是所有4种竞技泳姿的基础。这一章还可以帮助您熟悉水中的环境。在这一章结束时，您应该能够：

- 从垂直过渡到仰卧漂浮；
- 从垂直过渡到俯卧漂浮；
- 用仰卧流线型姿势，在自己的浮力中心取得平衡；
- 用俯卧流线型姿势，在自己的浮力中心取得平衡。

浮力和漂浮的物理原理

漂浮是一种技能，这意味着任何人都可以学会。作为人类，我们可以自然地漂浮，至少在一定程度上是这样的，因为我们的肺里面充满空气。事实上，我们的浮力中心大致位于胸部的中心，胸骨的位置。有一些其他运动也需要注意自己的重心，但对于游泳而言，最重要的当然是在水中移动时要找到浮力中心。

您可以把这个中心想象为在儿童游乐场里面可以看到的跷跷板的中心。当两端保持平衡时，跷跷板不动。然而，升起任意一端，另一端就会下降。记住这个比喻，您就可以开始学习如何仰卧漂浮。

仰卧漂浮

本节引导您从垂直站立姿势转换成简单的仰卧漂浮。泳池的水深应至少达到自己的腰部，但不能太深，要保证自己仍然可以站在水中。如果有需要，也可以在深水池的池边完成该动作，但需要调整一下练习的方法。

双臂伸展的仰卧漂浮

这里的目标是躺在水面上，双臂和双腿伸开，以保持平衡，几乎像海星那样，只是漂浮，不移动（图1.1）。在尝试之前，这里有几个心理提示，可以帮助您快速成功。第一个

1

提示与头部位置有关。想象一下，在自己头顶上必须有一个点始终保持浸于水中。由于头部有相当大一部分浸入水中，很多泳手对此感觉不舒服，尤其是当水进入耳朵的时候，但是，水会出来的！

　　第二个提示与身体位置有关。我们的目标是保持脊椎尽量拉长和水平。如果觉得自己的脚在下沉，就不要收紧腹部，而是应尽量将肚脐推向水面。有些泳手也觉得闭上眼睛会有帮助，因为这样可以专注于在水中保持平衡的感觉。记住跷跷板的比喻，在你抬起头的时候，臀部就会往下沉。

图1.1　双臂伸展的仰卧漂浮

准备

1. 首先检查自己周围的环境，要保证有足够的空间来完成该技能。
2. 为了掌控平衡，让双臂和双腿尽量向外伸展。

执行

1. 从站立姿势开始，头向后仰，躺在水面上。
2. 双脚蹬池底，这有助于让双脚浮上来。必要时，可能要通过打腿或双手在水面划扫的动作来实现身体水平的位置。
3. 躺在水面不动，脸、胸部、髋部和脚尖都浮在水面上。

错误

双脚下沉。

修正

把背部压向池底，把髋部向上挺。颈部一定要放松，并且头向后仰。

错误

髋部下沉。

修正

确保腹部没有收紧（像做仰卧起坐那样）；腹部应该保持放松。确保没有因为抬起头而造成颈的前部紧张。

错误

头部和双脚都在水下。

修正

这个问题是过度弓背造成的。应保持脊椎伸直，四肢放松，并向侧面伸展，以保持平衡。一旦能够成功地这样漂浮至少几秒，就是时候继续练习更高级的漂浮技能了。

T型仰卧漂浮

下一个练习要将泳手用于平衡的表面积进行减少。重复上述的相同技能，但这次在保持双臂展开的同时要并拢双腿，从而摆出T型，而不是海星的样子（图1.2）。这个动作需要的控制力多一点，并且在水中要能够保持放松。在这里，心理暗示是，脸、胸部、髋部和脚尖都应该在水面上，但是，在该练习中，它们还应该都在身体轴线上。

图1.2　T型仰卧漂浮

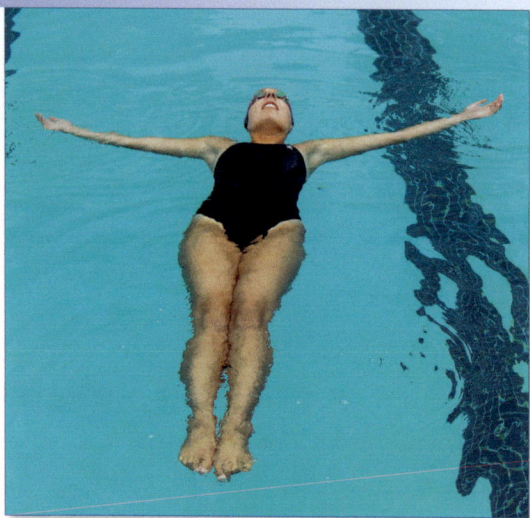

准备

1. 首先检查自己周围的环境，要保证有足够的空间来完成该技能。
2. 为了掌控平衡，让双臂和双腿尽量向外伸展。

执行

1. 从站立姿势开始，头向后仰，躺在水面上。
2. 双脚蹬池底，这有助于让双脚浮上来。必要时，可能要通过打腿或双手在水面划扫的动作来实现身体水平的位置。
3. 躺在水面不动，脸、胸部、髋部和脚尖都浮在水面上。
4. 双臂伸展到身体两侧，垂直于身体，同时保持双腿伸直，摆成T型姿势。

错误

必须移动双臂来保持漂浮。

修正

想着要将臀部向上顶，并将腹部收紧。这将调整身体的方向，获得更好的浮力。

直线仰卧漂浮

最后一部分，双手贴在身体两侧。当您熟悉这个平衡位置时，就可以尝试更高级的漂浮技术。双手从身体两侧伸过头顶，尽可能伸展（图1.3）。这是一种更高级的漂浮技术，能够成功就是一项重大成就；事实上，有些人很难掌握这项技术，却仍然能够继续成为很优秀的游泳运动员。在掌握这些技能后，就是时候实践一下不同的变化和练习了。

图1.3　直线仰卧漂浮

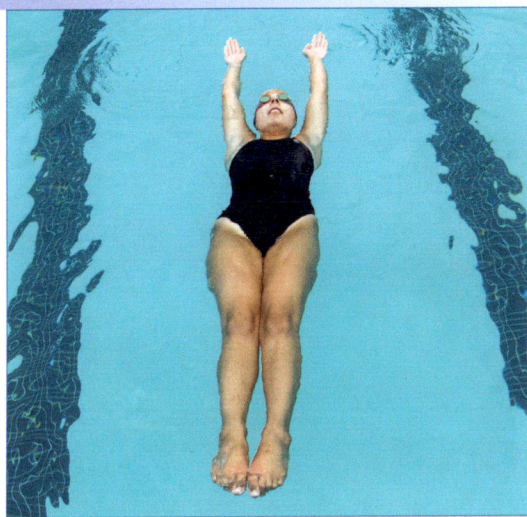

准备

1. 首先检查自己周围的环境，要保证有足够的空间来完成该技能。
2. 为了帮助平衡，让双臂和双腿向外伸展。

执行

1. 从站立姿势开始，头向后仰，躺在水面上。
2. 双脚蹬池底，这有助于让双脚浮起来。必要时，可能要通过打腿或双手在水面划扫的动作来实现身体水平的位置。
3. 躺在水面不动，脸、胸部、髋部和脚尖都浮在水面上。
4. 双手伸过头顶，并尽可能伸展。

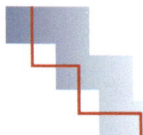

错误

上半身和胸部浮着，但双脚下沉。

修正

很多人弓起背部来将躯干向上推。将上背部向下推，并向上旋转骨盆，以将双脚带到水面上。想象让腹部收紧，这可能会有帮助。

仰卧漂浮的练习

篮球运动员不会只罚进一次罚球就认为自己已经掌握了这项技能，同样，游泳运动员也要一遍又一遍地练习技术，甚至最基本的技术，以保持其技能的最佳状态。当您觉得熟悉这项技能，并且能够执行仰卧漂浮时，就是时候练习不利用池底的协助而让自己浮起来了。为了练习从垂直变成水平姿势，请使用下面的一系列练习。如果在深水环境中感觉舒适，并至少拥有初级的游泳技能水平，也可以在深水中进行这些练习。否则，请在水深不超过颈部的水中练习。

仰卧漂浮练习1　用仰卧姿势蹬池壁

此练习在泳池边进行，面对池壁，双手抓住池边的排水沟或地面。双脚应该贴着池壁，膝盖和脚趾向上指向水面。头向后仰（向上看），松开抓住池边的双手，双脚轻轻蹬池壁，并做出轻松的漂浮姿势。

对于很多泳手来说，这个练习需要多次尝试才可以成功。再说一次顺序：头向后仰，双手松开，双脚轻轻蹬池壁。如果您可以用双腿合拢、双臂交叉的姿势反复做练习，那么您就成功了。该练习的目的是帮助您熟练地从半垂直姿势转换成水平的仰卧漂浮。

增加难度

- 更用力蹬池壁。

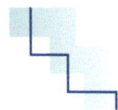

降低难度

- 让教练或导师扶住您的头部，确保头部保持在水面上。
- 双臂保持在身体两侧，或伸展并垂直于身体。
- 在胸前抱着一块浮板。

检查结果

- 可以蹬池壁，并保持平衡的姿势。
- 可以保持平衡姿势超过20秒。

自我评分

1分：可以双臂伸展地漂浮在水上。

3分：可以轻轻蹬池壁，并保持双臂伸展的平衡姿势5秒。

5分：可以轻轻蹬池壁，并保持双臂在身体两侧的平衡姿势10秒。

7分：可以轻轻蹬池壁，并保持双臂交叉或双臂在身体两侧的平衡姿势至少20秒。

仰卧漂浮练习2　姿势

这个练习是上一个练习的变体。这一次，抬起双脚，而不是蹬池底；或者，如果在深水池中从垂直位置完成该练习，您可以踩水。

这个练习的过程是，从垂直位置开始，并实现水平的仰卧漂浮，然后抬起头，返回垂直位置。它可以帮助您实现水平的仰卧漂浮，并注意头部位置如何影响身体位置。回到跷跷板的比喻，当一端（头部）上升时，另一端（臀部）会下降。多次进行这个练习，以便培养良好的平衡感。

增加难度

- 单独使用打腿或手部动作来操纵自己在水中的位置，但不允许手脚并用。

降低难度

- 同时使用双臂和双腿。

仰卧漂浮练习3　摸鼻子

这个练习以T型仰卧漂浮技能为基础。采用双臂向身体两侧伸展的水平仰卧漂浮姿势，然后在继续漂浮的情况下用食指摸自己的鼻子。用另一只手的食指重复此动作。这个更高级的练习有助于培养垂直和水平位置的平衡，还可以培养横向，即左右两侧的平衡。当掌握窍门后，尝试用一只手将网球传递给另一只手，同时保持平衡。

（续）

仰卧漂浮练习3（续）

增加难度

- 在深水中完成该练习。

降低难度

- 让教练或导师扶住您的头部，确保头部保持在水面上。
- 双臂保持在身体两侧，或伸展并垂直于身体。
- 在胸前抱着一块浮板。

检查结果

- 可以从垂直转换为水平位置，并保持平衡的姿势。
- 可以保持平衡姿势超过20秒。

自我评分

1分：可以双臂交叉地浮在水面上。

3分：可轻轻蹬池壁，并保持平衡姿势5秒。

5分：可以轻轻蹬池壁，并保持平衡姿势10秒。

7分：可以轻轻蹬池壁，并保持平衡姿势至少20秒。

俯卧漂浮

在这一章中，下一个技能是俯卧漂浮。这与仰卧漂浮在本质上是相同的技能，并且运用同样的物理原理，但所增加的因素是脸浸在水中。这样一来，您可以同时练习两种技能：脸在水中时的漂浮和呼气。

双臂伸展的俯卧漂浮

从在水中的站立姿势开始，趴在水中，像之前讨论过的海星姿势。这里的目标是保持头、肩膀、臀部、双手和双脚都在水面（图1.4）。

您可以屏住呼吸来尝试这第一次练习。其中的一个成功指标是，能够直接看到泳池的底部，同时背部挺直，以水平姿势在水面上保持放松。熟悉这个姿势后，再次尝试，但是这一次要慢慢呼气。屏气导致紧张，这可能会导致泳手下沉或难以平衡；另一方面，慢慢呼气则有助于放松，而且这是掌握竞技泳姿的必要技能。为了控制自己的呼吸，而不是用力呼气，可在通过鼻子呼气的同时发出嗡嗡声。

图1.4　双臂伸展的俯卧漂浮

准备

1. 首先检查自己周围的环境，要保证有足够的空间来完成该技能。
2. 为了帮助平衡，让双臂和双腿向外伸展。

执行

1. 从站立姿势开始，身体向前倾，并趴在水面上。
2. 双脚蹬池底，这有助于让双脚浮上来。必要时，可能要通过打腿或双手在水面划扫的动作来实现身体水平的位置。
3. 趴在水面不动，头部、背部、臀部和脚跟都在水面上。

错误

双脚下沉。

修正

把胸部压向池底，把臀部向上推。颈部一定要放松，并且头与脊椎呈一直线。良好的心理意象是，想象拉伸颈部，让它变得很长。

错误

臀部下沉。

修正

确保腹部没有收紧（像做仰卧起坐那样）；身体的这一部分应该放松。确保没有因为抬起头而造成颈背紧张。

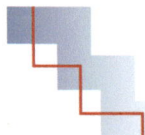

错误

头和脚在水下。

修正

这个问题是背部向后拱起过多造成的。保持脊椎伸直，四肢放松，向外伸展，以保持平衡。一旦能够成功地这样漂浮至少几秒，就是时候继续练习更高级的漂浮技能了。

T型俯卧漂浮

下一个练习要减少一些泳手用于平衡的表面。如同仰卧漂浮那样，下一个要掌握的技能是双腿并拢的俯卧漂浮。具体的做法是，重复上述的相同动作，但这次在保持双臂展开的同时要并拢双腿，从而摆出T型，而不是海星型（图1.5）。这个技能需要的控制力多一点，并且在水中要能够放松。

图1.5　T型俯卧漂浮

准备

1. 首先检查自己周围的环境，要保证有足够的空间来完成该技能。
2. 为了帮助平衡，让双臂和双腿向外伸展。

执行

1. 从站立姿势开始身体向前倾趴在水面上。
2. 双脚蹬池底，这有助于让双脚浮上来。必要时，可能要通过打腿或双手在水面划扫的动作来实现身体水平的位置。
3. 趴在水面不动，头部、背部、臀部和脚跟都在水面上。
4. 并拢双腿，在水上摆出T型。

错误

双脚下沉。

修正

检查头部位置。如果眼睛在向前看，那么要伸长颈部，直视下方。

直线俯卧漂浮

最后一部分，把双手放到身体的前面（图1.6）。和之前一样，想象面部、胸部、臀部和脚跟都在水面，但是，现在它们还要都在身体的轴线上。同样，在尝试这项技能时可以屏住呼吸，直到可以稳定地漂浮，然后慢慢呼气。您可能会觉得呼气时有点下沉，这是由于肺部的空气体积发生了变化。这是一种更高级的漂浮技能，能够成功就是一项重大成就；并且，大多数泳手觉得这个动作在俯卧时比仰卧时更容易。

图1.6　**直线俯卧漂浮**

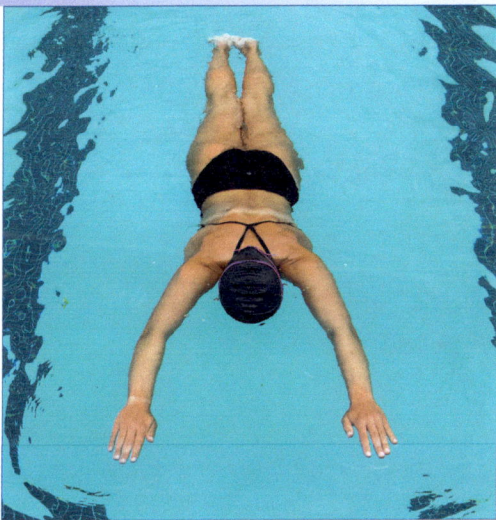

准备

1. 首先检查自己周围的环境，要保证有足够的空间来完成该技能。

2. 为了帮助平衡，让双臂和双腿向外伸展。

执行

1. 双手放在身体前面。

2. 将两只手分别放在对侧肩部。

错误

即使使用双手让您保持平衡，但双脚下沉。

修正

检查，确保没有拱起背部。把胸部压向池底，把臀部向上推。

俯卧漂浮的练习

您现在已了解到，俯卧漂浮和仰卧漂浮有着根本的不同。因为是脸朝下，而不是脸朝上，您无法在想呼吸的时候自由地呼吸。为了在脸朝下的姿势中感觉舒服，关键是要进行特定的练习，它们可以帮助你在这种姿势中感受到与仰卧的姿势同样舒服。

俯卧漂浮练习1 蹬池壁

站在游泳池边，沉入水中，并抬起双脚贴在池壁上。接下来，水平地蹬池壁，并努力上升到水面，水平地漂浮，和之前一样，趴在水面上。对于很多泳手来说，这个练习需要多次尝试才可以成功。这里再说一次顺序：沉入水中，并抬起双脚贴在池壁上，双脚轻轻蹬池壁。如果您可以用双腿合拢、双臂交叉的姿势反复做练习，您就成功了。该练习的目的是帮助您熟练地从水下姿势转换成水平的俯卧漂浮。

增加难度

- 更用力蹬池壁。
- 保持双臂伸过头。

降低难度

- 请教练或导师帮助您，握住您的手，使双手保持向前伸过头顶。
- 双臂保持在身体两侧。
- 在胸前抱一块浮板。

检查结果

- 可以蹬池壁，并保持平衡的姿势。
- 可以蹬池壁，并保持平衡的姿势超过20秒。

自我评分

1分：可以双臂交叉地漂浮在水上。

3分：可以轻轻蹬池壁，并保持平衡姿势5秒。

5分：可以轻轻蹬池壁，并保持平衡姿势10秒。

7分：可以轻轻蹬池壁，并保持平衡姿势至少20秒。

俯卧漂浮练习2　姿势

　　该练习是仰卧漂浮练习2的变体。这一次，抬起双脚，而不是蹬池底；或者，如果您在深水池中从垂直位置开始进行练习，您可以踩水。进行此练习的步骤是，团身呈抱膝或球形姿势，然后展开，并试图实现俯卧漂浮姿势。此练习还可以帮助您为本书的第2章做准备，其内容涉及如何掌控水。

增加难度

- 更用力蹬池壁。
- 保持双手伸过头。

降低难度

- 请教练或导师协助，稳住头或手。
- 双臂保持在身体两侧，或伸展并垂直于身体。
- 在胸前抱一块浮板。

检查结果

- 可以蹬池壁，并保持平衡的姿势。
- 可以蹬池壁，并保持平衡的姿势超过20秒。

自我评分

1分：可以双臂交叉地漂浮在水上。

3分：可以轻轻蹬池壁，并保持平衡姿势5秒。

5分：可以轻轻蹬池壁，并保持平衡姿势10秒。

7分：可以轻轻蹬池壁，并保持平衡姿势至少20秒。

俯卧漂浮练习3 水平开合跳

此练习以海星形俯卧在水上的技能为基础。在这里，交替移动双手和双脚，双手伸过头顶，并且在双手向两侧伸出时，双腿伸直，让身体摆出T形。以仰卧和俯卧姿势分别尝试这个动作。动作应非常缓慢，并且应模仿经典的开合跳运动。这个练习可以帮助您掌握平衡的力量，并找到自己的浮力中心。

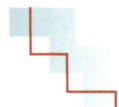

增加难度

● 移动双臂和双腿，推动自己前进。

降低难度

● 让教练或导师扶住您的头部，确保头部保持在水面上。
● 只移动双臂或双腿。

检查结果

● 可以蹬池壁，并保持平衡的姿势。
● 可以蹬池壁，并且在保持均衡的水平姿势的同时移动双臂和双腿。

自我评分

1分：可以浮在水面上，并且只移动双臂或双腿。

3分：可以浮在水面上，并且可以同时移动双臂和双腿，但只能动一次。

5分：可以浮在水面上，并且可以同时移动双臂和双腿多次。

7分：可以进行该练习并向前移动。

游泳姿势

在这一章中的最后一个技能是，使用在水中新学习发现的平衡，实现游泳姿势，并掌握减少阻力的技术。良好的游泳姿势需要大量的平衡，以及一个坚实的基础，使您能够对水施加压力。如前所述，关键是要找到平衡的中心，并且在水里感觉舒服。

回忆一下跷跷板的比喻，以及浮力中心位于胸部中间的事实。如果站在池边，双臂在身体两侧，约三分之二的人体跷跷板（也就是说，从胸部到双脚的部分）都在浮力中心的下方。为了达到良好的游泳姿势，需要让跷跷板恢复平衡。为此，只要将双臂伸过头，大约一半的长度就在浮力中心之上，而另一半在它下面。在四种竞技泳姿中，都有一部分时间要以这种方式伸展身体。

寻找仰卧的平衡

如果以仰卧漂浮的姿势出发，目标是将双臂伸过头，并尽可能地拉伸它们。从指尖到足尖的距离尽可能长，并仍然保持良好的漂浮姿势。注意，在这个姿势中，几乎没有方法可以通过操纵水来实现两侧的平衡。对于肩部的柔韧性或活动范围有限的人来说，学习这种姿势的平衡具有很大的挑战性。若可以保持双手伸过头的姿势轻松漂浮，您就成功了。使用以下步骤找到仰卧漂浮的平衡。

准备

1. 首先检查自己周围的环境，要保证有足够的空间来执行该技能。
2. 为了帮助平衡，让双臂和双腿向外伸展。
3. 双手的手指紧紧地并拢。

执行

1. 仰卧，双臂伸过头顶。
2. 伸展双臂，实现从指尖到脚趾的距离最长的姿势。
3. 调整上背部和髋部的位置，确保双手、肩部、髋部和脚趾都在水面上。

流线型仰卧漂浮

仰卧漂浮的下一个技能是建立流线型姿势（图1.7），您不仅要尽可能拉长自己（从指尖到足尖），还要尽量地窄。这种流线型可以减少阻力（在第2章中会讨论），并让您可以在学习过程的后期阶段中更高效地在水中移动。良好的流线型涉及某些关键元素：伸展身体，从指尖到足尖形成一条尽可能长的直线，收紧核心，从指尖开始，让自己尽量地窄。

图 1.7 流线型仰卧漂浮

准备

1. 首先检查自己周围的环境，要保证有足够的空间来执行该技能。
2. 为了帮助平衡，让双臂和双腿向外伸展。
3. 双手的手指紧紧地并拢。

执行

1. 从站立姿势开始，头向后仰卧在水面上。
2. 躺在水面不动，脸、胸部、髋部和脚尖都在水面上。
3. 在伸展全身的时候，要检查并确保任何一部分都是流线型的，双手应当叠在一起，一只手在另一只手上面。就目前而言，哪只手放在上面并不重要，但上面的手的拇指应该包住下面的手一点点，以锁定双手在正确的位置。
4. 充分伸展，绷紧脚趾，双臂压住耳朵。

错误

肘部弯曲。

修正

对于大多数人来说，"双臂压住耳朵"就是一个有效的简单提示。柔韧性更强的人可以把双肘放在头的后面，并试图将前臂完全挤在一起。

正如刚才在流线型漂浮中提到的，头部的位置取决于柔韧性。躯干要直，想象让脊椎尽可能拉长；这个想象可以帮助您保持头部和躯干呈一直线。双腿应该完全并拢，甚至连大脚趾都要并在一起。双脚和脚趾应该绷紧，像芭蕾舞演员那样；实际的角度取决于脚踝的柔韧性。

流线型俯卧漂浮

流线型俯卧漂浮（图1.8）与仰卧的实现方式相同；但是，它更具挑战性，因为脸要在水里面。在这两种姿势中，成功的衡量指标都是能否很好地在水中保持水平且伸长的姿势不动。

图1.8　**流线型俯卧漂浮**

准备

1. 从站立姿势开始，身体向前倾，趴在水面上。
2. 为了帮助平衡，让双臂和双腿向外伸展。

执行

1. 伸展双臂和双腿，保持同一直线，从指尖到脚尖尽可能拉长自己。
2. 充分伸展，绷紧脚趾，双臂压住耳朵。

有效的流线型的练习

　　流线型往往被称为第5种泳姿。其目的是建立一个良好的游泳姿势，并最大限度地减少阻力，阻力不但会拖慢速度，还会使您更难进行每一个动作。您将在后面的章节中了解有关流线型的更多信息；现在，这里有一些练习可以帮助您开始掌握它。

流线型练习1　影子流线型

　　该练习不在游泳池中进行，并且对于仰卧和俯卧流线型都很有好处。选择阳光灿烂的日子，在游泳池边的地上进行此练习，可以在墙边，或者在可以在地上看到自己的影子的位置。做出前面所描述的流线型姿势，看着自己的影子，获得视觉反馈。尝试不同的方式，让影子尽可能窄。

增加难度

- 从侧面和正面观察流线型。这样做可以从不同的角度调整躯干的姿势。在一个平面上看起来较宽的姿势，在另一个平面上可能会显得窄。找到两个平面的平衡是更加高级的技能。

降低难度

- 用一面足够长的穿衣镜。这可以在任何地方进行，而不仅仅是在明媚的阳光下。

检查结果

- 从双臂在身体两侧的站姿变成流线型姿势时，可以看到宽度的差异。

自我评分

1分：可以用镜子完成该练习。

3分：可以在池边的地面上完成该练习。

流线型练习2　从铅笔变砖块

　　这个练习强调流线型的重要性。沉入水中，并使双脚贴在池壁上，保持流线型姿势。用力蹬池壁，然后，移动几英尺后，摊开双臂和双腿。您会觉得自己几乎立刻停了下来！尝试几次，并注意自己停在池中的什么位置。

增加难度

- 更用力蹬池壁，数到二，然后变成砖块姿势。

降低难度

- 在水面上开始。

检查结果

- 可以蹬池壁并滑行至停止。
- 在变成砖块姿势后可以完全停止。

自我评分

1分：可以蹬池壁，但即使没有变成砖块姿势也滑行得不远。

3分：可以蹬池壁，并滑行5码或以上才停下来。

5分：可以蹬池壁，并滑行5码或以上，然后变成砖块姿势停下来。

流线型练习3　鱼雷

　　这个练习是"从铅笔变砖块"练习的补充。在这里，沉入水中，保持流线型姿势，用力蹬池壁，不要做任何其他动作，看看自己在停下来之前可以滑行多远。这个练习帮助您了解降低阻力的重要性。请记住，在流线型姿势中，双手叠在一起，双臂压住耳朵（或头在下面，双肘挤在一起）；腿伸长，并且脚尖绷直。

增加难度

- 更用力蹬池壁。

降低难度

- 留在水面上。

检查结果

- 可以蹬池壁，并在水下保持流线型姿势滑行几码。
- 可以保持流线型姿势，直到完全停下来。

自我评分

1分：可以保持流线型姿势滑行5码。

3分：可以保持流线型姿势滑行10码。

5分：可以保持流线型姿势滑行12.5码。

7分：可以保持流线型姿势滑行超过12.5码。

成功摘要

在这一章中，您已经学习了良好的游泳基础：漂浮和浮力。更具体地讲，您已经学习和进行了一些训练，为游泳、对水施力并在水中高效地移动打下了扎实的基础。您还学习了使用流线型姿势来减少阻力的重要性。

此外，包含在这一章中的练习和技能可帮助您在水中更舒服，尤其是当你处于一些在陆地生活时不自然的身体姿态时。放松和适应在下面的成功游泳步骤中是关键因素。如果您掌握了以下技巧，就已经离游泳的成功不远了：

1. 从垂直姿势过渡到仰卧漂浮；
2. 从垂直姿势过渡到俯卧漂浮；
3. 以仰卧流线型姿势在自己的浮力中心保持平衡；
4. 以俯卧流线型姿势在自己的浮力中心保持平衡。

自我评分

如果得分超过30分，就已经完成了这一章。如果得分超过40分，就已经熟练掌控了浮力的特性和人体在水中姿势的要领。

仰卧漂浮练习——垂直到水平

1. 用仰卧姿势蹬池壁 　　　　　　　　　　　　＿＿＿ 总分7分
2. 姿势 　　　　　　　　　　　　　　　　　　＿＿＿ 总分7分
3. 摸鼻子 　　　　　　　　　　　　　　　　　＿＿＿ 总分7分

俯卧漂浮练习——垂直到水平

1. 蹬池壁 　　　　　　　　　　　　　　　　　＿＿＿ 总分7分
2. 姿势 　　　　　　　　　　　　　　　　　　＿＿＿ 总分7分
3. 水平开合跳 　　　　　　　　　　　　　　　＿＿＿ 总分7分

流线型练习

1. 影子流线型 　　　　　　　　　　　　　　　＿＿＿ 总分3分
2. 从铅笔变砖块 　　　　　　　　　　　　　　＿＿＿ 总分5分
3. 鱼雷 　　　　　　　　　　　　　　　　　　＿＿＿ 总分7分
总计 　　　　　　　　　　　　　　　　　＿＿＿ **总分57分**

在第2章，您将学习对水施压，以及在水中阻碍运动的动作。有些练习并不像游泳，但它们让您知道，如何以不同的方式控制自己身体姿势和向水施加压力，以帮您实现成功游泳的目标！

第2章 掌控水性

第2章的目标是增加对阻力、推进力的认识，以及学习特定动作如何产生推进力和减少阻力。换句话说，这一章可以帮助您了解如何使用自己的身体的表面向水施加压力，从而在水中移动。完成这一章后，您应该能够：

- 实现正确的水中姿势，最大限度地减少阻力；
- 培养水感，在泳姿的关键抱水阶段，当双手不动时，感觉一下水从哪里滑出自己的手；
- 使用划船动作来提供推进力；
- 在仰卧和俯卧姿势中，使用交替打腿、海豚式打腿和蛙泳蹬腿来推进。

阻力和推进力

阻力减慢您的速度，而推进力帮助您移动。想象一下跳伞，就可以很容易理解阻力。在下落时，跳伞运动员在重力作用下加速。如果他们使自己变窄和垂直（即，流线型），他们会加速得更快，因为这样做可以最大限度地减少其横截面积（垂直于其行进方向的面积），并因此减少作用于他们的阻力或拖拽力。另一方面，如果他们伸出手臂和双腿，并变得更加水平，他们就使垂直于其下落方向的面积最大化，从而在空气阻力的作用下减慢速度。在某个时间点，勇士们会打开其降落伞，大大增加其截面积，使速度更慢，以避免急剧下降要了自己的性命。

这与游泳有什么关系呢？空气动力学和流体力学有很多共同之处！两者有一个很大的区别：水的密度大约是空气密度的750倍，因此，在水中的阻力会大得多。正是由于这个强大的阻力，高台跳水运动员在以非常快的速度入水后还能够迅速就慢下来。当然，这种阻力也减慢了游泳运动员的速度。

但是，与此同时，水又为泳手提供了比空气更致密的表面，可以在上面施加压力。泳手可以利用这一密度，使用推进力来前进。具体地说，他们从与其行进目标垂直的方向对水施加压力。请想象一下：在起水离开泳池时，您把自己的手水平地放在泳池边的地面上，也就是说，垂直于您想去的方向（向上的方向）。当您向下施加压力时，身体会上升至其开始位置的上方。现在，在心里将这些动力从垂直转向水平，想象压在水上，而不是压在泳池边的地面上，您就掌握了利用推进力游泳的基本概念。

还有另一个比喻，火箭，它受到巨大的推进力驱动，并且受到相对小的阻力，因为它们又长又细。同样，正如在本书的第1章中讨论的，建议泳手采用细长形状，并保持良好的平衡。在第2章中，就是时候运用推进力了。现在，您已经通过流线型减少了阻力，可以继续以适当的方式向水施加压力，从而利用推进力。

尽量减少阻力

学习最大限度地减少自己的"阻力剖面"，这需要重复练习和一些小的调整。就像在第1章中用流线型姿势实现平衡那样，现在首先要确保自己尽可能狭长（即，像火箭那样）。为了感受阻力的效果，并最大限度地减少其影响力，重复蹬池壁练习，但要加入一些新的元素，首先是蹬池壁的方式。以下说明的几点不仅可以帮助理解阻力如何影响游泳，还有助于强化在水中的平衡能力（图2.1）。第一部分的练习在池壁前的浅水区进行。这是整个练习过程中蹬离固定物体的唯一机会，所以要珍惜它！

减少拖拽力的技巧

1. 姿势很重要。从指尖到脚尖尽可能拉长自己。这样做包括拉伸并绷直脚趾！

2. 避免"超人飞行姿势"，即双手分开，双臂相互平行。如果想变窄，双手要叠在一起，请参考第1章中的"鱼雷"训练。最好前端和后端都是一个尖。流体力学要求我们，身体呈狭长的形状，穿过水，并且最后也让水从一个尖端流走。

3. 头就是舵。如果保持低头，颈部就会拉长，行程就会更远。练习这种姿势还有另一个原因：它很接近理想的俯卧游泳姿势。

图2.1 尽量减少阻力

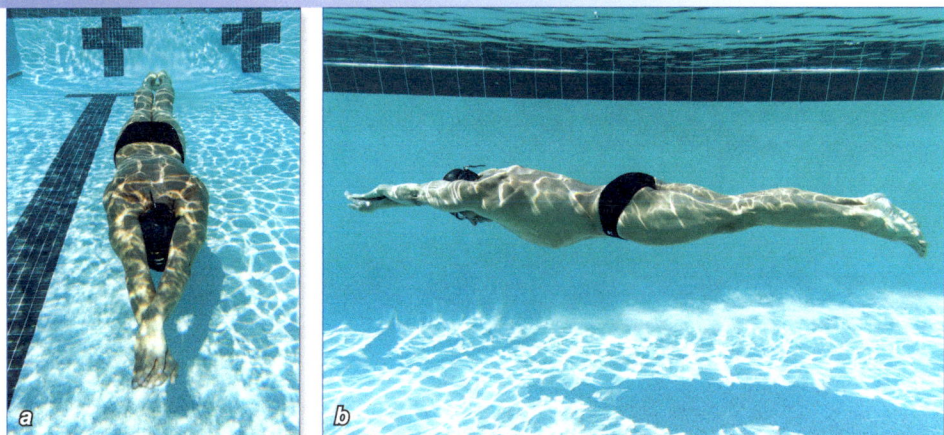

准备

1. 在浅水中，站在池底，面对池壁。
2. 将双手放在池边的地面或排水沟上，帮助保持平衡。
3. 将双脚抬起并平放在池壁上，在水面下方大约2英尺（约0.6米）的位置，髋关节和双膝甚至可以弯曲约90度。要确保双脚尽可能平贴在池壁上。
4. 应该仍然面对池壁，抬起头，膝盖向上（指向上方），脚趾向上。

执行

1. 保持面对池壁，松开一只手，指向水下的泳道。这样做会使髋关节轻微扭转，肩膀的扭转幅度则更大。
2. 另一只手也松开，等待沉到水面以下，同时双手合十。
3. 当头、双手、臀部和双脚都在水下，并且在同一水平线上时，用力蹬池壁，让身体尽可能地窄。使用在第1章中描述过的姿势：一只手搭在另一只手上面，双臂夹住耳朵，核心绷紧，脚尖绷直。
4. 保持不动，滑行到尽可能远的位置。
5. 重复这个过程几次，目标是每次都更远一点。

错误

一直不能沉到水下。

修正

每个人都会下沉；这只是时间问题。等到双手在水下相触，并且全身已浸没，然后蹬出去。

错误

头太快穿出水面。

修正

想一下头部的位置。这个错误的原因可能是在蹬池壁的过程中看着自己的手。如果看着池底，甚至向着胸部方向收下巴，就可以留在水下。

错误

无法滑行得很远。

修正

每个人的滑行距离都不同。我们的身材不同，有些泳手会滑行得较远。坚持下去，那些小调整会对结果有很大的影响！

推进力：练习抱水和划水

游泳教练经常使用术语"抱水"和"划水"。简单来说，抱水意味着在水中固定手或任何其他锋面的位置；它适用于所有泳姿。划水是指紧接在抱水之后用于提供推进力的动作。在此步骤中，要练习向水施加压力的整体感觉，而不是每种泳姿的特定动作模式。那些应当是在后续步骤中进行的练习。

抱　水

在所有泳姿中，掌控水的习性都是游得好的关键。作为这个过程的一部分，所有泳姿都包含一个抱水阶段（图2.2），在这个阶段中，主要的接触表面（无论是单手还是双手形式）入水，并开始垂直于目标行进方向。在抱水阶段的心理表征是，泳手想象将手固定在水中，这取决于三个因素。第一个因素涉及到水的运动。湍急的水流（好像在洗衣机里的水）让人难以形成固定动作，因为水本身已经在移动。为了尽量减少这种问题，应去寻找比较平静的水域，并让自己向着那里拉伸。

第二个因素涉及手的倾斜度或角度。回想一下，向水施压的方向要垂直于自己的行进方向，这基本上就是最好的角度。一般来说，在每次划臂中，手指应该总是略向下指，以确保有利于让手垂直于行进方向。

最后一个因素是力量。如果没有力气留住水，双手会直接穿过它。另外，无法留住水也与平衡能力不好有关，这可能会减弱推进力，导致无法克服阻力。这两个问题都可以通过长时间的练习进行校正。

图2.2 **基本的抱水**

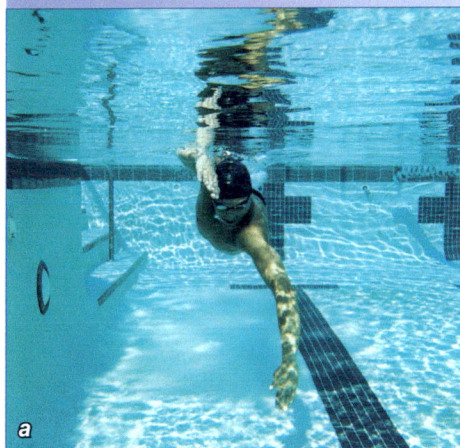

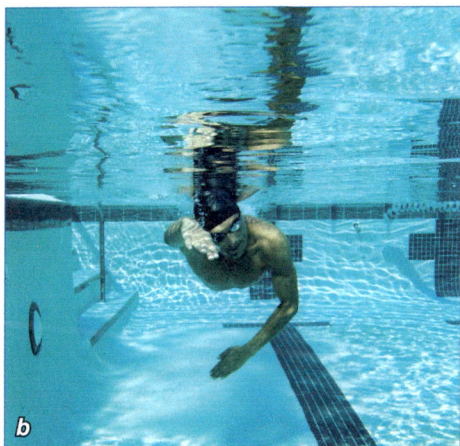

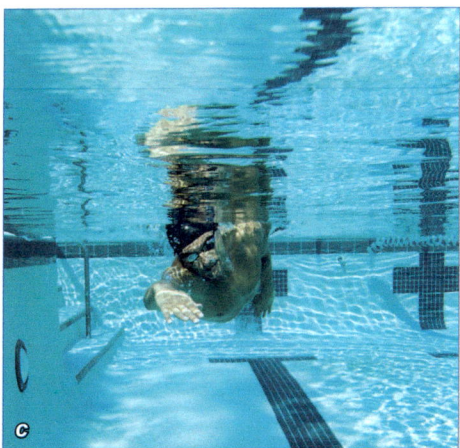

准备

1. 确保有合适的空间来练习该技能。
2. 可以使用浮板和夹腿浮标帮助练习该技能。

执行

1. 将浮板放在胸部下方提供浮力，脸朝下趴在水中。
2. 实现在浮板上的平衡姿势后，双臂向前伸出，伸过头顶。
3. 掌心朝下，首先左手的手指向下倾斜，使手掌垂直于水面。
4. 手朝着臀部和大腿向后划，全程保持手垂直。
5. 返回到开始姿势。
6. 用另一只手臂尝试同样的运动。
7. 练习蛙泳的抱水，起始姿势是双臂伸直，伸过头顶，平趴在水面上，浮板仍在胸部下方。
8. 双手向外扫，同时手指向下倾斜。
9. 在水面上向后划，直到手在水面上到达与头顶相近的位置。
10. 在让双手回到起始姿势时，把肘部并拢在一起。
11. 多次重复这两种抱水动作。
12. 在执行以上这些步骤时，也可以用大腿夹着浮标，再加上将浮板放在胸部下方，或者完全不使用浮板。

错误

溅起很大的水花。

修正

只有当手在水中时才可以有效地对水施压。避免拍打水面或在水面上推。

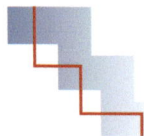

错误

用手掌朝池底方向向下推。

修正

为了提供推进力，要让手（以及尽可能多的其他手臂表面）垂直于自己想要去的方向。

抱水练习

要培养动觉意识或水感，最好的办法就是所进行的水中练习可以尽量减少其他因素干扰。最适合这一目标的练习是挖路。

抱水练习　挖路

这个练习由三部分组成，应在自己可以站立的水中进行。使用秒表，测量从泳池的一端尽可能快地走到另一端需要多长时间；记录自己的时间。然后重复步行练习，但这次要用双手向两侧扫水，仿佛在水中开路那样，每次只有一只手臂移动。再次记录自己的时间。接下来，使用手举出水面的姿势来完成相同的任务，并记录自己的时间。哪种技术最适合您？（单纯步行应该是最慢的。）您能否感觉到双手固定在水中并将身体向前拉？您可能要重复练习几次，以确保正确完成它。

增加难度

- 双手用力划水。
- 双手快速划水。

降低难度

- 用轻松的步伐走，让双手提供平衡。
- 同时使用双臂。

检查结果

- 在使用抱水动作时，可以在泳池中前进得
  更快。
- 在练习过程中可以双臂交替划水。

自我评分

1分：在使用抱水动作时，可以比单纯步
行走得更快。

3分：同时使用双臂时，可以比单纯步行
走得更快。

5分：可以比单纯步行走得更快，并且可
以双臂交替划水。

划　水

　　培养水感的下一个技能是，用双手和前臂划水（图2.3），并对水施加压力。双手要放
松，不要僵硬。虽然有些人主张要保持像桨或勺子的手形，但僵硬的手形对于大多数泳手来
说都无法展现有意义的流体力学优势。双手应该稍微弯曲，像飞机或船的螺旋桨叶片。弧度
提供了类似于飞机机翼的良好功能，可以产生压力高低不同的区域。

　　站在水中，背对池壁。向前伸出手臂，下沉到肩膀刚好在水面之下，并且手臂完全被水
覆盖。双手保持自然、放松的姿势，微微窝成杯状，大拇指朝下，使手掌稍微倾斜，而不是
平行于池底。

　　接下来，双手向外扫，确保手肘保持伸直。双手和前臂应该感到来自水的压力。双手分
开大约0.6米后，旋转双手，使大拇指向上，小手指向下，这样，手掌同样是稍微倾斜的，
但这一次掌心相对，而不是相背，移动双臂回到原来的位置。手肘同样要保持伸直。

　　重复这个动作数次，调整手掌的倾斜度，以获得良好的水感。在有所进步后，让手指的
角度也略向下。划水动作对手掌产生的压力较高，对手背产生的压力较低，从而提供推进力。

图2.3 划船

准备

1. 检查自己周围的环境，要保证有足够的空间来完成该技能。
2. 确保站在水深不超过胸部的水中。
3. 让自己有足够的空间，可以覆盖相当于水深的距离。

执行

1. 首先趴在水面。
2. 双臂向前伸出，伸过头顶。
3. 双手微微窝成杯状，向外再向内划水，并且手指向下倾斜，指向池底。
4. 保持伸长手肘和手臂，但不要锁定，重复这个过程，直到可以感觉到向前移动。

错误

双手一直非常僵硬。

修正

放松双手，感受水（随水而动）。

错误

划船时，一直留在原地。

修正

确保双手稍微窝成杯状，这样可以像螺旋桨和飞机机翼那样，通过高低压力差提供推进力。水将更快流过手背，因为它要经过更远的距离，并且手的内侧圆弧具有更短的直线距离，所以更容易留住水。在手背上移动得较快的水压力较低，而手掌的压力会较高。为了实现平衡，手将朝着较低压力一侧移动。

划水练习

使用下面的练习来帮助练习划水技巧。

划水练习　使用夹腿浮标练习划水

接下来，在游泳姿势中应用这个技能。将夹腿浮标放在双腿之间略高于膝盖的位置。脸朝下，以中立姿势平趴在水中，如第1章中所述，双臂伸过头顶。保持双手放松，手指稍向下倾斜，慢慢尝试划水运动，直到觉得身体被向前拉。

这是一个复杂的技能，需要花时间来掌握。它需要的不是快速、僵硬或机械的动作，而是缓慢、受控和流畅的动作。使用缓慢、有节奏的动作，并确保双手永不停止；在任何给定的时间，它们都应该正在向外或者向内划动。不掌握这个技能并不意味着无法游泳，但掌握它之后，就能够在学习过程中的后期游得更熟练。重复练习几次，双手尝试不同角度和姿势，看看什么组合可以产生最大的推进力。为了培养良好的抱水动作，一定要感觉到水对双手和前臂造成压力的位置！

增加难度

- 不使用夹腿浮标。

降低难度

- 双肘略弯。
- 使用游泳式呼吸管。

检查结果

- 可以在泳池中移动。
- 可以只用划水动作并保持手臂伸直向前移动。动作是双手稍微窝成杯状前后划动。

自我评分

1分：可以游过半个泳池的距离。

3分：可以在不用呼吸管的情况下游行超过半个泳池的距离。

5~7分：可以一直游完整个泳池距离，不觉得困难。

打　腿

如果做得正确，打腿可以在游泳时提供有力的推进力。要掌握的第一种打腿是交替打腿（图2.4），这是自由泳和仰泳的一部分。它使用交替的腿部动作，旨在通过上下的动作来对水施压。参与施加压力的表面越大越好。这里的基本思路是从髋关节发起打腿；这也有助于使用核心的强壮肌肉产生推进力，相关的技术会在后面的步骤中介绍。现在，我们侧重于打腿的基础。

下面练习进度有助于掌握交替打腿。第一部分的练习可以帮助形成双腿动作的有效心理意象。当然，进化为在水中游泳的生物可使用对环境已产生良好的适应的身体来完成又长又流畅的动作，例如，鱼、海豚或鲸鱼尾的动作。人类在这方面是没有优势的，因为我们的腿部骨头是连续无间断的，而不是网状结构的椎骨，所以我们在流体动作中不那么灵活。为了补偿这种不足，想象自己要做的动作会有帮助。例如，您可能会想象，每条腿的膝关节和踝关节是用一条橡皮筋连接的。在从下肢核心发起动作时，这个情景有助于让双腿保持拉长且放松。

图2.4　交替打腿

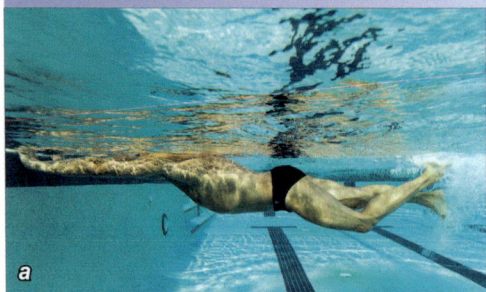

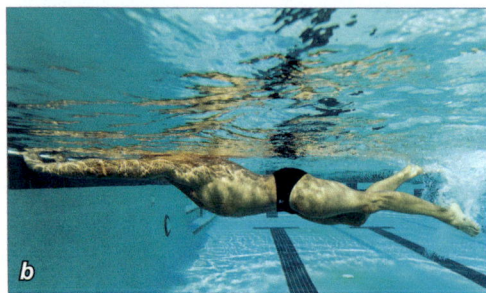

准备

1. 进入水中，并抓住池边的排水沟。
2. 从面对池壁的站姿开始，打腿，让双腿上升到水面，并且使身体水平（平行于池底）。
3. 在这个阶段，可以使用前臂和池壁来帮助自己实现身体水平的姿势，并让头部露出水面。
4. 让双腿保持尽可能拉长且放松（不要主动绷直脚趾）。

执行

1. 确保自己可以保持节奏稳定的打腿（速度不重要），感觉自己整条腿都在向水施压（高级泳手将这种感觉描述为，水好像一直沿着腿滚下去并离开脚趾）。
2. 一旦熟悉了水平位置，就让脸进入水中，并伸直双臂，这样就只有双手在池壁上。
3. 在继续打腿时，应该感到双手被压向池壁。保持在第1章中练习过的全身伸展的流线型姿势。如果双手抓住池壁并且吊着，而不是被推向池壁，那么，请检查自己从手到脚趾的姿势是否正确。

在第2章前几部分中，您形成了一个心理意象，在水中实现了水平姿势，并且使用双腿保持平衡。这一步的下一部分将确保您练习的打腿可以产生推进力。有了正确的打腿想象，现在是时候使用双腿来操纵水并对其施加压力。

当双脚到达水面时，记住，目标是对水施压，这意味着双腿一定要在水里面。很多游泳新手认为，用力打腿等同于大水花；然而，这些水花其实只表明所施加的能量被水吸收了，而不是让泳手受益。尽量使得只有脚跟，而不是整只脚冒出水面。在从头到脚的快速检查中，要考虑以下问题，这将有助于确保自己正确掌握技巧。

1. 双臂是否完全伸直？

2. 核心是否拉长，还是仅仅在做一个"紧缩"的动作？

3. 骨盆是否夹着，而不是保持平坦，从而使双脚下沉？

4. 是否感觉到髋部和大腿上部在用力？这表明您正在使用整条腿和核心。或者，是否在股四头肌，靠近膝盖的位置有这种感觉？这表明您只使用了小腿。

5. 脚踝是僵硬还是放松的？放松是对的。

错误

溅起很多水花。

修正

为了实现推进力，让双脚（以及尽可能多的其他腿部表面）与水接触。保持双腿伸长并放松。

错误

打腿时总是停留在原地。

修正

不要绷直脚趾，或腿部僵硬，想象脚趾是卷曲的。这种方法可以让双脚弯曲，但会防止双腿僵硬。

交替打腿练习

通过所有这些有用的提示，就能感觉到向水施加的压力，现在是时候要面对推进力的真正考验——打腿，并真正提供向前的移动。

打腿练习1 　指尖压力

移动至离池壁大约1码（米），然后按第1章中所述的流线型姿势趴在水中，形成中立漂浮姿势。只使用打腿技能，向着池壁打腿，双手伸出，让指尖先触壁。在手指触及池壁时，继续打腿，让自己感觉到在指尖的压力。这种压力表明，打腿已经提供了推进力，您可以使用双腿有目的地掌控水。

增加难度

- 只用一只手指触壁。
- 在整个过程中呼气并重复。

降低难度

- 抓住排水沟。
- 将浮板放在腹部下方，以提供浮力。

检查结果

- 可以留在池壁。
- 几乎可以感觉到水沿着腿滚下去，并离开脚趾。

自我评分

1分：可以留在池壁，但需要扶着排水沟。

3分：可以把手指压向池壁，但只有5秒或更短的时间。

5 ~ 7分：可以把手指压向池壁超过10秒。

打腿练习2 　浮板

下一个部分的练习要确保打腿确实产生了推进力。使用浮板只是为了保持平衡，双手放在浮板的下角。在水中背对池壁，拉起双脚，把它们放置在池壁上，脸朝下地蹬出去。要确保脸在水中，并直视池底。

现在，开始使用在之前练习过的有节奏地打腿。它应该以非常缓慢的速度推动您在泳池中移动。如果您停下来，甚至倒退，请检查从手到脚趾的正确姿势。许多游泳手在泳池中的脚踝活动范围非常有限。确保脚踝稍微跖屈，让脚尖绷直，指向离开身体的方向，但不要太用力而导致双腿僵硬。

在需要呼吸的时候，只需对浮板施加压力，并将头抬起离开水面。快速完成这个动作，以维持水中的平衡，并让脸放回到水中，以稳定平衡。在进展到这个步骤时，尝试将头转向一侧呼吸。

增加难度

- 把双手一起放在浮板上。
- 用不那么稳定的夹腿浮标代替浮板。
- 完全不使用浮板。

降低难度

- 将前臂放在浮板上，而不仅仅是抓住它的末端。
- 使用游泳式呼吸管。

检查结果

- 可以游完泳池的全长，并且没有大水花。
- 可以将头转向一侧呼吸。

自我评分

1分：可以双臂放在浮板上游半个池的距离。

3分：可以双手放在浮板上游半个池的距离。

5 ~ 7分：可以只用双手轻松地游完泳池全长。

不使用浮板的打腿

在掌握了使用浮板的技能后（使用"浮板"练习），就是时候再次测试您的打腿推进力了。重复上述过程，但这一次没有浮板的帮助（图2.5）。目标是以流线型姿势打腿。如果能够在使用浮板时做到这一点，那么这个过渡应该更容易一点。这里的新挑战是，在呼吸的时候，应该使用在这一章中介绍过的划水动作。只需有节奏地将手向外和向内划动，对水施加足够的压力，让自己可以抬起头，快速地完成吸气。然后，可以继续游自由泳。在掌握了这个技巧后（可能需要多试几次），就是时候练习仰卧式打腿了。

图2.5 不使用浮板的打腿

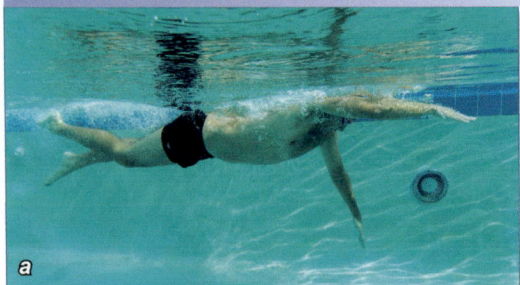

准备

1. 在水中背对池壁，抬起双脚，把它们放置在池壁上，脸朝下地蹬出去。
2. 确保脸在水中，并直视池底。

执行

1. 开始使用在之前练习过的相同节奏打腿；它应该以非常缓慢的速度推动您在泳池中移动。
2. 有节奏地将手向外和向内划动；对水施加足够的压力，让自己可以抬起头，快速地完成吸气。

仰卧式交替打腿

　　仰卧式交替打腿（图2.6）与俯卧式打腿略有不同。由于是仰卧姿势，大部分时间，打腿动作是向上的（您会在后文中对此会有更多了解）。同样，形成有效的心理意象会有帮助，在这种情况下，想象一个足球浮在水面上，您要用脚面将它踢入空中。这种心理意象可以帮助您对正确的地方施加压力，并运用合适的肌肉。如同俯卧式打腿那样，想象每条腿的关节是用橡皮筋连接的；保持拉长和放松仍然是一个关键。

　　请记住自己的心理意象，以及水对脚背和脚底的压力感觉。确保脚趾刚好露出水面。和之前一样，大水花不会提供推进力，应该避免它。打腿时，脚和腿露出水面就会造成大水花。由于采用仰卧姿势，脚趾将首先露出水面。作为陆上生物，我们往往很自然地就喜欢用脚跟来带动踢的动作，比如，跑步或骑自行车的动作。为了纠正这种倾向，使用浮板也会有帮助（如在下面的"错误"部分中所述）。

错误

在用脚跟带动打腿时，会溅起大水花。

修正

想想鲸鱼或海豚尾巴，尝试复制其拉长、流畅地向上和向下运动。

图2.6 仰卧式交替打腿

准备

如第1章中所述，仰卧在水中，双手放在身体两侧，以保持平衡。

执行

保持双腿拉长而放松，开始交替打腿动作。如果有必要，可以抓住池壁来提供支持。

错误

膝盖总是露出水面。

修正

双手在臀部位置握住浮板，将浮板一直伸到膝盖上方。现在，再次尝试打腿动作；如果觉得膝盖碰到浮板，并使它上下跳动，那么您没有在水下完成打腿，并且很可能是用脚跟带动，或像骑自行车一样打腿。

不使用浮板的打腿练习

在打腿动作逐渐熟练后，下面的练习将帮助您不依赖于任何器械来获得平衡或辅助。

无板打腿练习1　仰卧或俯卧式打腿

一旦仰卧时采用这个姿势实现了推进，就可以重复仰卧式打腿这个动作，但现在要将双手伸过头顶，形成流线型姿势。这样做要求略微改变在水中的姿势（脊柱弧度会改变），以补偿没有将手放在身体两侧来帮助平衡。和以前一样，应该在下肢核心处感觉到力量，特别是大腿和髋部会出现肌肉收缩和疲劳。如果很难实现推进，只需检查从手到脚趾的姿势和技术，以确保自己的动作执行是正确的。一旦在仰卧时掌握了这一技能，就尝试用俯卧姿势来执行同样的技能。在需要呼吸的时候，将头转向一侧，就像使用浮板的练习那样。

增加难度
- 放下一只手。

降低难度
- 在呼吸的时候，让朋友或教练举起您的手。
- 使用游泳式呼吸管。

检查结果
- 可以游完泳池的全长距离，没有出现过大水花。
- 可以将头转向一侧呼吸。

自我评分
1分：可以在有辅助的情况下游半个池的距离。

3分：可以在没有辅助的情况下游半个池的距离。

5～7分：可以在没有辅助的情况下轻松游完泳池的全长。

无板打腿练习2　水下打腿

一旦掌握了仰卧和俯卧在水面上的交替打腿，就是时候微调打腿动作以产生最好的效果了。在前面的部分中，您已经学会了如何用腿、脚和脚趾向水施加压力。前面说明中强调了特定方向的打腿，但最高效的泳手可通过用腿和脚背及脚底施加压力来操纵水。

培养这种能力的下一部分涉及以流线型在水下打腿。请记住，在任何时候，都不应该憋气太长时间！还要记住，要慢慢呼气。

如第1章中所述，双脚放在池壁上，并采用头、膝盖和脚趾都向上的姿势。从池壁松开手，在水下将双手并在一起，并以流线型姿势蹬池壁，同时保持低下头。在需要呼吸前，在水下尽可能长时间地打腿；保持双腿拉长和放松，向上和向下打腿。重复此技能几次；在向水施压的时候，可能会很难找到平衡，但在重复足够多次之后，就会掌握这个技巧。

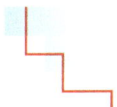

增加难度

- 增加离开池壁后的打腿次数。

降低难度

- 使用脚蹼。

检查结果

- 可以游完泳池的全长，不用露出水面呼吸。
- 可以感受到脚背和脚底都受到水的压力。

自我评分

1分：可以在水下前进10码。

3分：可以在水下前进15码以上。

海豚式打腿

下一个要学习的推进动作是海豚式打腿或蝶泳式打腿。虽然与交替打腿有点像，但这种操纵水的技术更难掌握。这种打腿并不是双腿交替，而是保持双腿并拢，好像它们粘结在一起那样，因而可以非常好地模仿海豚尾部的动作。这种打腿的优点是，它有更多的表面积向水施压，因而产生更大的推进力。

在池壁海豚式打腿

与交替打腿不同，这种打腿（图2.7）从核心的中间部分发力，即从肋骨的下部一直向下穿过骨盆。让强壮的核心肌肉发起大部分工作。双腿应该始终并拢，并且像交替打腿那样，它们应该伸长且放松。针对这种打腿的良好心理意象是，海豚或鲸鱼的动作；尝试用身体（从胸部以下的部分）模仿这种动作。有些泳手觉得想象双腿粘在一起，无法分开，也会有帮助。可以使用俯卧式交替打腿的同样过程来练习这种技能。

图2.7 在池壁海豚式打腿

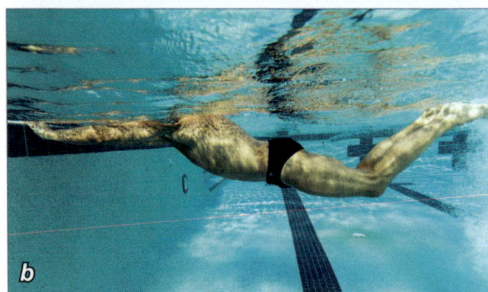

准备

1. 入水并抓住排水沟。
2. 从面对池壁的站姿开始，打腿，让双腿上升到水面，并且使身体水平，平行于池底。
3. 使用前臂和池壁来帮助自己实现身体水平的姿势，并让头部露出水面。
4. 将脸浸入水中，伸出双臂，只有手放在池壁上。

执行

1. 使用强壮的核心肌肉驱动髋关节来回运动；双腿只用于完成打腿动作。
2. 在继续打腿时，应该感到双手被压向池壁。

在这个进程的前几个部分中，您已形成了一个心理意象，并实现了水中的水平姿势，使用双腿保持自己的平衡。下一部分是要确保所练习的打腿可以产生推进力。您应该保持在第1章中所练习的全身伸展的流线型姿势。如果双手抓住池壁呈抓握状，而不是双手推向池壁，请进行从手到脚趾的简单检查，以确保使用正确的姿势。

离开池壁的海豚式打腿

通过这些有用的提示，就能感觉到向水施加的压力，现在是时候要面对推进力的真正考验，采用蝶泳式打腿离开池壁了（图2.8）。

图2.8 **离开池壁的海豚式打腿**

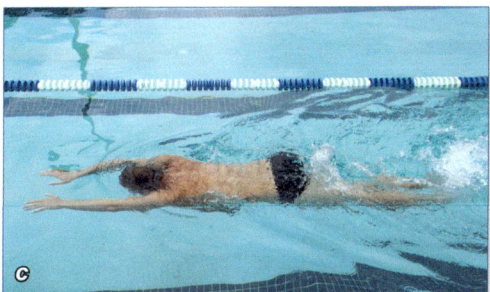

准备

移动至离池壁大约1码（米），然后按第1章中所述的流线型姿势趴在水中，形成中立漂浮姿势。

执行

1. 只使用打腿技能，向着池壁打腿，双手伸出，让指尖先触壁。
2. 在手指触及池壁时，继续打腿，让自己感觉到在指尖的压力。这种压力表明，打腿已经提供了推进力，您可以使用双腿有目的地操纵水。

错误

只是在水中扭动。

修正

打腿动作从肋骨开始，并一直向下，就像上下翻飞的跳绳。小腿保持放松。

错误

反复地点头抬头来让自己前进。

修正

打腿动作从核心下部和肋骨开始；尽量不要动得好像在玩咬苹果的游戏那样。

错误

双手抓住池壁。

修正

伸展双臂，确保打腿产生推进力，而不是用双臂将自己贴在池壁。

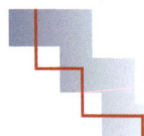

错误

用双脚弯起来并推水。

修正

保持双腿拉长和放松。不要绷直脚尖，想象弯起它们，好像在游泳池地面捡起一个硬币那样。

海豚式打腿练习

在进行这些练习时，让双腿保持尽可能伸长且放松（不要主动绷直脚尖）。当双脚到达水面时，应记住由于目标是对水施压，这意味着双腿一定要在水里面。这里的关键是，维持稳定的打腿节奏（此时还不必担心速度），感觉就像对整条腿周围的水都在施加压力。一旦掌握了这个技巧，就是时候继续进行下一个部分的练习了。

仰卧海豚式打腿

仰卧海豚式打腿（图2.9）与俯卧式打腿只是略有不同。像之前一样，形成一个恰当的心理意象，这样做可以帮助您在正确的地方施加压力，并运用合适的肌肉。如同俯卧式打腿那样，这里的心理意象是想象每条腿的关节是用橡皮筋连接的；保持拉长和放松仍然是关键。

海豚式打腿练习1　浮板

下一个部分的练习是要确保打腿确实产生了推进力。在水中，使用浮板只是为了保持平衡，双手放在浮板的下角。背对池壁，抬起双脚，把它们放在池壁上，脸朝下地蹬出去。确保脸在水中，并直接看着池底。

现在，开始使用在之前练习过的相同节奏打腿动作。它应该以非常缓慢的速度推动您在泳池中移动。如果您停下来，甚至倒退，请检查从手到脚趾的正确姿势。许多泳手在泳池中的脚踝活动范围非常有限。确保脚踝稍微跖屈，让脚尖绷直，指向离开身体的方向，但不要因为太用力而导致双腿僵硬。

在需要呼吸的时候，只需对浮板施加压力，并将头抬起到空气中。快速完成这个动作，以维持身体在水中的平衡，然后让脸回到水中，以稳定平衡。

增加难度

- 一只手放在浮板上，侧身打腿（右侧打腿25次，左侧打腿25次）。
- 不使用浮板，以流线型姿势打腿。
- 以流线型姿势在水下打腿。

降低难度

- 使用脚蹼，以防止停滞的感觉，避免匆忙完成练习。
- 抓住浮板的顶部，将上臂放在浮板上，让脸露出水面。要知道，这样做可以对下背部产生额外的压力。
- 使用游泳式呼吸管。

检查结果

- 可以在练习时保持修长的身体线条。
- 在第一次动作后，身体没有露出水面或在水中下沉过深。

自我评分

1分：可以前进，但需要使用浮板。

2分：可以将浮板伸展出去，但需要脚蹼。

3分：可以将浮板伸展出去，并且不使用脚蹼，都能游得非常好。

4分：可以不使用浮板，但需要脚蹼才能前进。

5 ~ 7分：已成为专家，既不需要浮板，也不需要脚蹼。

海豚式打腿练习2 不使用浮板

在掌握了使用浮板的技能后，就是时候再次测试您的打腿推进力了。重复上述过程，但这一次没有浮板的帮助。目标是以流线型姿势打腿。如果能够在使用浮板时做到这一点，那么这个过渡应该更容易一点。这里的新挑战是，在呼吸的时候，应该使用在这一章中介绍过的划水动作。只需有节奏地将手向外和向内划动，对水施加足够的压力，让自己有时间抬起头，快速地完成吸气。在掌握了这个技巧后（可能需要多试几次），就是时候练习仰卧式海豚打腿了。

增加难度

- 一只手放在浮板上，侧身打腿（右侧打腿25次，左侧打腿25次）。
- 不使用浮板，以流线型姿势打腿。
- 以流线型姿势在水下打腿。

降低难度

- 使用脚蹼，以防止停滞的感觉，避免匆忙完成练习。
- 抓住浮板的顶部，将上臂放在浮板上，让脸露出水面。要知道，这样做可以对下背部产生额外的压力。
- 使用游泳式呼吸管。

检查结果

- 可以在进行练习时保持修长的身体线条。
- 在第一次动作后，身体没有露出水面或在水中下沉过深。

自我评分

1分：可以前进，但需要使用浮板。

2分：可以将浮板伸展出去，但需要脚蹼。

3分：可以将浮板伸展出去，并且不使用脚蹼，都能游得非常好。

4分：可以不使用浮板，但需要脚蹼才能前进。

5～7分：已成为专家，既不需要浮板，也不需要脚蹼。

图2.9 仰卧海豚式打腿

a

b

c

准备

如第1章中所述，仰卧在水中，双手放在身体两侧，帮助保持平衡。如果有必要，可以抓住池壁来提供支持。保持双腿伸长且放松，开始海豚式打腿动作。

执行

使用强壮的核心肌肉带动髋关节来回运动；双腿只用于完成打腿动作。

错误

水向后冲到脸上。

修正

最有可能的两个罪魁祸首是，膝盖露出了水面，脚的上表面在"推"水。为了纠正这个错误，并产生推进力，双手在臀部位置握住浮板，将浮板伸到膝盖上方。现在，再次尝试打腿动作；如果觉得膝盖碰到浮板，并使它上下跳动，那么您没有在水下完成打腿，并且很可能是用脚跟带动打腿，或像骑自行车一样打腿。

海豚式打腿练习3　仰卧

　　此练习与俯卧式打腿练习基本上相同，但不使用浮板。如果可以的话，最好用流线型姿势来进行该练习。此练习的目的是帮助培养以向上和向下的方式对水施压的能力。

增加难度

- 以流线型姿势在水下打腿。可以用非对称打腿来产生推进力；然而，最大的推进力来源于两个方向的打腿。这种能力在蝶泳和仰泳中都可以发挥作用。

降低难度

- 使用脚蹼，以防止停滞的感觉，避免匆忙完成练习。
- 抓住浮板的顶部，将上臂放在浮板上，让脸露出水面。要知道，这样做可以对下背部产生额外的压力。
- 使用游泳式呼吸管。

检查结果

- 可以在练习时保持修长的身体线条。
- 在第一次动作后，身体没有露出水面或在水中下沉过深。

自我评分

1分：可以前进，但需要使用浮板。

2分：可以将浮板伸展出去，但需要脚蹼。

3分：可以将浮板伸展出去，并且不使用脚蹼，都能游得非常好。

4分：可以不使用浮板，但需要脚蹼才能前进。

5 ~ 7分：已成为专家，既不需要浮板，也不需要脚蹼。

蛙泳蹬腿

　　最后一种打腿技术是蛙泳蹬腿（图2.10）。将脚跟提起至髋部，同时保持双膝并拢，然后脚趾向外指，用脚背和小腿内侧对水施加压力。双腿同时进行蹬腿。以下过程可以帮助保证您正确完成动作，提供最大的推进力。

图2.10 **单腿蛙泳蹬腿**

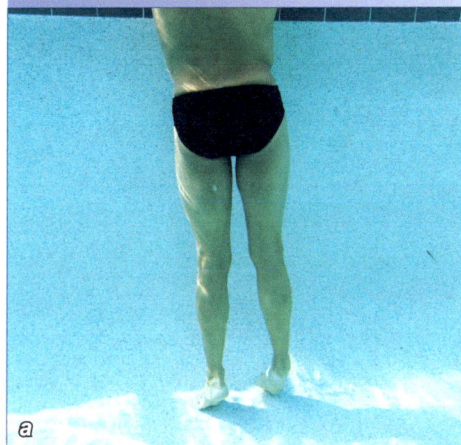

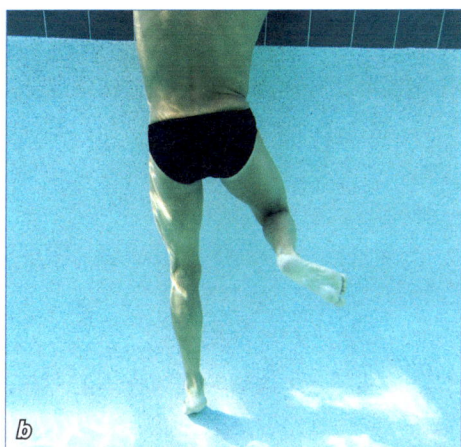

准备

1. 首先站在靠近池壁的水中，水深至少达到胸部。确保胸部可以触到池壁。
2. 右腿开始，提起脚跟，膝盖仍触到池壁，脚踝背屈或L形姿势。当大腿平行于池底时，停止抬腿。

执行

1. 保持该姿势，脚跟滑离身体中心线，同时膝盖留在原来位置。做这个动作一开始会觉得别扭。关键是要确保脚跟比膝盖离身体的中心更远。您可能需要使用池壁来帮助平衡。
2. 双脚到位后，用扫水的动作，向下朝着池底推脚背。如果能感觉到脚背和小腿内侧受到水的压力，就成功了。
3. 右脚成功以后，用左脚尝试相同的动作。

双腿蛙泳蹬腿

　　如果在单腿蛙泳蹬腿练习中能够在关键区域感觉到压力，那么就准备好尝试双腿一起练习了（图2.11）。有些泳手的髋关节、膝关节和踝关节的柔韧性不够好，蹬腿的效果不如其他人好，不要因此而感到沮丧。对于大多数人来说，需要多次重复才可以掌握这个动作。

图2.11　**双腿蛙泳蹬腿**

准备

　　找到更深的水域，固定双臂，双手或双肘放在排水沟或池边地面上，使双腿自由地悬吊着。

执行

1. 使用单腿蛙泳蹬腿中描述的相同动作，提起双脚的脚跟。接下来，向外推出双脚的脚跟，同时保持双膝间距离较窄，然后双脚用打圈的动作划水，最后并拢。
2. 双脚脚跟的距离应该宽于双膝的距离；理想情况下，当脚跟在膝盖外侧时，双膝的距离应不大于臀宽。
3. 应该感到来自脚背和小腿内侧的提升，以及对水施加压力。

蛙泳蹬腿推进

现在，您感觉到了对水的压力，是时候通过在水中移动来确保它是推进式压力了（图 2.12）。下一部分的练习使用在第1章中介绍的仰卧中立姿势，双手放在身体两侧，以保持平衡。一旦达到平衡，提起脚跟，同时试图保持大腿在水下。这与靠在池壁上略有不同，但涉及相同类型的动作。

当脚跟靠近臀部时，旋转脚跟，使它们宽于双膝之间的距离，然后让脚跟划水并拢。像前面一样，这个动作的重点是对水的压力，而不是移动的速度。将双脚的脚踝挤在一起。您有移动吗？对水的压力应该会导致头部向前移动。在完成一次蹬腿后，回到中立姿势，等待动力消失。重复同样的动作，直到熟悉它。

图2.12 蛙泳蹬腿推进

准备

1. 首先靠着池壁进行双腿蛙泳蹬腿练习。
2. 在脚背和小腿感觉到压力后，就可以游到泳道中。
3. 确保有足够的空间来进行该技能，然后找到如第1章中所述的仰卧漂浮姿势。

执行

1. 双臂完全伸展，双肘锁定，双手抓着浮板的末端，蹬池壁。
2. 就像在靠着池壁练习中那样提起脚跟。
3. 将脚跟推出去，脚趾指向泳池的另一端。
4. 脚跟划水并拢，完成蹬腿。
5. 当脚跟并拢时，脚趾指向后并滑行。
6. 在头碰到池壁之前停下；您可能记得，比赛池中的仰泳标志旗在离池壁5码的地方。

错误

用膝盖引导动作，膝盖先出水。

修正

保持双膝并拢，脚跟向外划水，小腿划水并拢。保持小腿放松。

错误

保持脚尖绷直。

修正

蹬腿依赖于脚背抓住水；改变脚踝的弯曲度，让自己感觉到它在那里。

蛙泳蹬腿练习　浮板

　　进程的下一个部分是将这个技能转换为俯卧式。使用浮板，重复以仰卧姿势进行的相同动作。关键是放慢动作，并保持正确的动作。一旦觉得熟悉了使用浮板的俯卧姿势，就拿开浮板，尝试以流线型姿势练习该技能。当需要呼吸的时候，使用前面介绍的划水动作；记得要慢慢地呼气。

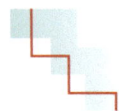

增加难度

- 保持流线型姿势。
- 将夹腿浮标放在双腿之间略微高于大腿中部的位置，以确保膝盖靠近。

降低难度

- 使用浮板，将它放在前面，或者趴在它上面。
- 使用游泳式呼吸管。

检查结果

- 可以用有效的双腿蹬腿来推进，同时保持双膝间距离不超过12英寸（约30厘米）。
- 可以俯卧式轻松前进25码。

自我评分

1分：可以用正确的姿态前进10码。

3分：可以用正确的姿态前进25码。

5分：可以用超过15次蹬腿前进25码。

7分：可以用不到15次蹬腿前进25码。

成功摘要

在第2章中，您已经对阻力和推进力有了一定的了解。在后面的步骤中，您将学习快速、高效的泳姿，但就目前而言，您已经掌握了一些基本的打腿技能，这将帮助您在成为更优秀泳手的道路上前进。具体来说，您应该已经掌握了以下技能：

1. 实现了最大限度地减少阻力的水中姿势；
2. 培养水感，在抱水过程中固定双手时，感觉到水从哪里滑出自己的手；
3. 使用划水动作来提供推进力；
4. 在仰卧和俯卧姿势中，使用交替打腿、海豚式打腿和蛙泳蹬腿来提供推进力。

自我评分

如果得到45至49分，就可以通过这一章；即便如此，您也可能需要回去重新复习得分较低的技能。如果得到50至60分，那么您在这一章中做得很好，并且在水里比较自如。如果得分超过60分，那么您做得非常出色。

抱水练习

1. 挖路　　　　　　　　　　　　　　　____ 总分5分
2. 使用夹腿浮标练习划水　　　　　　　____ 总分7分

交替打腿练习

1. 指尖压力　　　　　　　　　　　　　____ 总分7分
2. 浮板　　　　　　　　　　　　　　　____ 总分7分

不使用浮板的打腿练习

1. 仰卧或俯卧式打腿　　　　　　　　　____ 总分7分
2. 水下打腿　　　　　　　　　　　　　____ 总分3分

海豚式打腿练习

1. 浮板　　　　　　　　　　　　　　　____ 总分7分
2. 不使用浮板　　　　　　　　　　　　____ 总分7分
3. 仰卧　　　　　　　　　　　　　　　____ 总分7分

蛙泳蹬腿练习

浮板　　　　　　　　　　　　　　　　____ 总分7分
总计　　　　　　　　　　　　　　 ____ **总分64分**

第3章 自由泳

多年来，各种版本的自由泳有很多个名字，包括特拉真式游泳法（Trudgen Stroke）、澳大利亚爬泳（Australian Crawl）和正面爬泳（Front Crawl）。竞技自由泳诞生于19世纪后期，当时约翰·亚瑟·特拉真（John Arthur Trudgen）见证了南美土著人的游泳姿势，手臂在水面上方复位，并且双腿张开很宽，像剪刀那样夹水。他带着这种泳姿回到英国，英国人用他的名字命名了该泳姿，但将其定性为欧洲以外的野蛮打水。

在世纪之交，一位名叫阿利克·韦翰（Alick Wickham）的所罗门群岛人在澳大利亚使用了类似的泳姿，双腿交替打腿。该版本由教练里士满·"迪克"·卡维尔（Richmond "Dick"Cavill）进一步发展成我们现在认为更贴近自由泳的姿势，被称为澳大利亚爬泳。在现代，教练增加了六拍打腿（即，每次划臂配合6次打腿），这种泳姿变成了正面爬泳，后来被简称为自由泳。从技术上讲，在自由泳比赛中可以使用任何泳姿，但爬泳是最快的竞技泳姿，并因此成为自由泳的代名词。

三个R

良好的自由泳取决于三个R：伸展范围（Reach）、旋转（Rotation）和放松（Relaxation）。伸展范围的内容要与抱水和划水一起讨论。旋转的内容涉及通过围绕锚固点（手）旋转来转动身体。关键是要确保髋部和肩部保持在同一平面上。放松的内容是指让对游泳没有帮助的那些身体部位松弛下来。

良好的自由泳是高效和有效的。掌握自由泳的泳者会觉得这和散步一样容易。为此，这一章可以帮助您培养以下技能：

- 水平身体线条；
- 绕长轴旋转；
- 高肘抱水；
- 在整个划臂过程中对水施压；
- 打腿节奏；
- 有效地呼吸；
- 有效的时机。

一旦掌握了所有这些技能，就很快可以掌握有效的自由泳姿势。

有效自由泳的一个关键因素是，在水面上保持良好的水平姿势。正如在第1章中掌握的（即俯卧漂浮），基本姿势是趴在水面上，让头部、髋部、双脚和双手都在水面。在水面上保持伸展，确保脸在水中，并且直接向下看着游泳池的底部。

基本的自由泳划臂

良好的自由泳划臂动作包括4个基本要素：抱水、划水、结束和复位，它们提供主要的游泳推进力。首先是抱水。从左手开始，手指向下倾斜，使手垂直于自己想要去的方向（图3.1a）。在手向下倾斜时，旋转肘部和肩部，使前臂也垂直于自己想去的方向。第二个要素是划水。在泳姿的这一部分，要通过拉臂使手和前臂保持垂直于目标方向，并且肘部保持弯曲（图3.1b）。泳姿的结束动作是下一个要素（图3.1c）。当动作行进至中段时，手臂大约在身体下方的中途位置，要从拉的动作过渡到推的动作，就像试图要用手拍打大腿。最后一个要素是复位（图3.1d）。此时，要将手臂抬出水面，仿佛将手从口袋里拉出来那样，并把手带回到前面的位置，即开始时的位置，让手指在离头顶8至10英寸处滑入水中，然后充分伸展手臂。用右臂和右手重复此动作，然后停止。请记住，在练习掌握一项技能时，开始时动作要慢，并且可控，这是至关重要的。正如您可能会注意到，这里没有提及打腿；这并不意味着不应该打腿，只是意味着您现在应该专注于上面所描述的技能。

图3.1 **基本的自由泳划臂**

准备

1. 用右手开始，手指向下倾斜，使手垂直于自己想要去的方向。
2. 在手向下倾斜时，旋转肘部和肩部，使前臂也垂直于自己想去的方向。

执行

1. 向后拉手臂，使手和前臂保持垂直于目标方向，并且肘部保持弯曲。

2. 当动作行进至中段时，并且手臂大约在身体下方的中途位置，就从拉的动作过渡到推的动作，就像试图要用手拍打大腿。

跟进动作

将手臂抬出水面，仿佛将手从口袋里拉出来那样。然后，把手带回之前的位置，即开始时的位置，让手指在离头顶8至10英寸（约20 ~ 25厘米）处滑入水中，然后充分伸展手臂。

错误

双脚下沉。

修正

在大腿之间使用夹腿浮标，以帮助平衡。一旦练好打腿动作，就不再需要这种辅助了。

错误

把手向下直推向池底，当用手臂划一个大圈时，头露出水面。

修正

想象动作是伸手去拿高架子上的东西，或者是伸手去抱一个桶。这个情景可以帮助您记住，手指要向下倾斜，并且手肘向上旋转，才可以早点让前臂垂直。

错误

在髋关节处将手拉出来，并急于回到之前起始位置。

修正

想象试图要用手拍打大腿。由于水不能被压缩，您将不会打到大腿，但这个情景可以帮助您记得要结束划臂。

自由泳划臂周期

一旦完成一次划臂周期（一次右臂一次左臂），就可以将多个划臂周期组合在一起（图3.2）。请记住，（与其他运动不同）在游泳中，并不总是越快越好。保持动作缓慢，不慌不忙。这部分练习的真正目标是在水中固定一只手和前臂，把身体拉过它们。当需要换气时就停止。

图3.2 自由泳划臂周期

准备

从池壁附近开始。像在第1章中那样，蹬池壁，保持流线型姿势，脸在水中。

执行

1. 用任意手臂开始，自己觉得舒服就可以了，一口气尽量多次划臂，并慢慢呼气。
2. 重复此过程几次，尽量用相同的划臂次数在池中游得更远。

错误

有很多的水花和打水动作。

修正

水花和打水表明，水在吸收您的能量，并因此造成湍流。湍流使人难以对水施压。要纠正这个错误，想象复位（重新入水）过程中将手滑进手套，并在划臂的末段拍打大腿。最好是使用伸长的、可控的动作。

错误

在复位时，不能让手臂完全出水。

修正

当您结束划臂时，旋转与划水臂同侧的髋部和肩部，使它们朝向天空。这个动作让上臂更加垂直，而不是伸向背部后面，但这并不是容易实现的姿势，并且会消耗大量能量。

55

划臂练习

　　无论是在比赛中还是在练习池中，最快和最高效的自由泳运动员往往都有着某些共同的特征。手总是伸到自己前面；手和前臂尽可能长时间地垂直于前进方向；在水下的整个划臂过程中保持手加速。使用下面的练习可以培养这些特征。请注意，有些练习可能会对常见的错误产生过度修正，但它们都会帮助您培养良好的自由泳要素。

划臂练习1　前交叉

　　该练习有助于平衡、节奏和划臂这几个方面；它也有助于培养良好的动觉意识，对触觉学习者特别有用。为了进行这个练习，站在泳池边的地面上，左手的食指和拇指摆成L形，其他手指也要伸直。接下来，用右手摆出这个形状的镜像（即，一个反向的L形）。现在，不要看着手，将双手举过头顶，并尝试将两只拇指的指尖碰在一起。

　　在游泳池中，以水平姿势趴在水中。使一只手"追上"另一只手，也就是双手处于复位的相同姿势。确保只有拇指的指尖相触，从而让双臂大约与头同宽。在开始抱水的时候，确保慢慢地进行练习，以专注于让手指向下，肘部向上，并一直推水。您会有一些身体旋转，这是对您有利的。身体有很大一部分露出水面，空气的阻力系数远低于水的阻力系数，水的密度是空气的500倍以上。这个较大的系数意味着，在水中的身体部分越多，需要被克服的阻力就越大。以舒适的交替打腿节奏来执行此练习。

增加难度

- 像之前一样闭上眼睛，在25码（或25米）的泳池中完成10次划臂，确保只有拇指的指尖相触。
- 每次划臂进行6次打腿。

降低难度

- 使用脚蹼来防止停滞的感觉，并分离抱水和划水动作。
- 使用夹腿浮标来保持平衡。
- 使用游泳式呼吸管。

检查结果

- 可以在练习时保持较长的身体线条。
- 没有双手交叉；它们总是与肩同宽。
- 一只手尚未到达之前起始位置时，另一只手不会离开起始位置。

自我评分

1分：在使用脚蹼或夹腿浮标时可以追上另一只手，但双手（不只是拇指的指尖）会碰到。

2分：使用脚蹼或夹腿浮标时可以正确地进行划水练习。

3分：可以正确地进行该练习，完成几次划臂。

4分：可以使用游泳式呼吸管正确地进行该练习，完成25码。

5 ~ 10分：可以正确地进行该练习，完成至少25码（5分），可能甚至完成50码（10分）。每加10码得1分。

划臂练习2　水下复位

这是一个非常好的练习，只专注于抱水和划水。平趴在水中，用一只手臂抱水和划水，然后用另一只手臂重复。在大腿处结束划臂时，手和手臂不要在水面上复位，而是将手尽可能向前滑动，追上另一只手，然后用另一只手臂重复。这种方法不需要考虑复位。

增加难度

- 每次划臂进行6次打腿。

降低难度

- 使用脚蹼来防止停滞的感觉，并分离抱水和划水动作。
- 使用夹腿浮标来保持平衡。
- 使用游泳式呼吸管。

检查结果

- 可以在进行练习时保持修长的身体线条。
- 手伸到尽可能远的位置。
- 手和肘部保持在水下。

自我评分

1分：可以进行练习，但很匆忙，并且需要脚蹼。

2分：可以进行练习，并使用脚蹼来防止停滞。

3分：可以进行该练习，完成几次划臂。

4分：可以使用游泳式呼吸管进行该练习，完成25码。

5 ~ 10分：可以进行该练习完成至少25码（5分），可能甚至完成50码（10分）。每加10码得1分。

划臂练习3　握拳

这是一个经典练习，用于促使前臂早一点垂直，从而有效地抱水和划水。不要摊开双手来推进和留住水，双手都握拳。在入水时将会有一些水花，但这个练习迫使您抬高肘部，并用前臂的表面去划水。

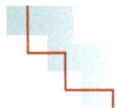

增加难度

- 双手各拿一个网球或壁球，以进一步减少双手的表面积。
- 用手指包住桨的末端（每只手一支桨），不要使用带子。在放下肘部的那一刻，桨就会将手臂拉开，从而更难抓住桨。

降低难度

- 使用脚蹼来防止停滞的感觉，并分离抱水和划水动作。
- 使用夹腿浮标来保持平衡。
- 使用游泳式呼吸管。

检查结果

- 可以在进行该练习时保持修长的身体线条。
- 每只手都要保持握成很紧的拳头。
- 只是用前臂划水就可以游得相当好。

自我评分

1分：可以进行该练习，但会打在水面上（溅出水花）。

2分：使用脚蹼或夹腿浮标时可以正确地进行划水练习。

3分：可以正确地进行该练习，但只能完成几次划臂。

4分：可以使用游泳式呼吸管正确地进行该练习，完成25码。

5 ~ 10分：可以正确地进行该练习，完成至少25码（5分），可能甚至完成50码（10分）。每加10码得1分。

旋　转

为了进行有效的复位，必须能够使用自己的核心肌肉，将髋部和肩部作为一体翻转（图3.3）。这个技能还有助于练习有效的抱水和划水，在自由泳中，这意味着可以游得更远。此外，有效的旋转有助于形成良好的换气姿势。在泳池边的地面上尝试这个练习。

图3.3　旋转

准备

1. 确保泳道上没有障碍物，并且至少有25码的空间来进行该技能。
2. 蹬池壁，保持流线型姿势。

执行

1. 开始游自由泳。
2. 在游的时候，要特别注意上臂相对于水的位置。
3. 上臂越接近于垂直，上部躯干就旋转得越好。
4. 让髋部与肩部作为一个整体旋转。

旋转练习

在竞技游泳中，"通过核心旋转"这个主题一直会不断引发新的争论。有些泳者游得更平，很少旋转，而另一些泳者在游泳时会让髋部相当大幅度地旋转。这两种方法都可以说是正确的，具体效果取决于泳者本身的情况，但是，在可持续性最好的休闲游泳中，允许大多数人使用核心帮助旋转，而不是依赖于脊柱的柔韧性。某些泳手的脊柱和躯干更加柔韧和有力，使他们更容易扭转身体。

旋转练习1　拍头

该练习让您知道自己的手相对于身体中心线和旋转轴的位置，以及头的垂直位置。它也迫使您旋转身体，以正确地进行练习。说了这么多，但练习本身非常简单。在复位时指尖轻触头顶，然后把手放进水中复位，等待下一次抱水和划水。就像在追赶练习中那样，等到一只手已经完全复位，再开始下一次抱水。

增加难度

- 每次划臂进行6次打腿。

降低难度

- 使用脚蹼，以防止停滞的感觉，避免匆忙完成练习。
- 使用夹腿浮标来保持平衡。
- 使用游泳式呼吸管。

检查结果

- 可以在进行练习时保持较长的身体线条。
- 手慢慢地复位，只需用指尖轻拍头顶。
- 入水时只有很少或没有水花。
- 双手不要在头部前方交叉（即不要越过自己的中心线）。

自我评分

1分：可以轻拍自己的头，但轻拍得更像是打巴掌，并且需要脚蹼或夹腿浮标。

2分：可以正确地进行划水练习，但需要脚蹼或夹腿浮标。

3分：可以正确地进行该练习，完成几次划臂。

4分：可以使用游泳式呼吸管正确地进行该练习，完成25码。

5～10分：可以正确地进行该练习，完成至少25码（5分），可能甚至完成50码（10分）。每加10码得1分。

旋转练习2　将夹腿浮标放在脚踝之间

这是一个很好的练习，有助于让您感受到将核心力量作为旋转的主要动力。将夹腿浮标放在脚踝之间，以缓慢的、可控的方式正常游。游得"平"，而不是旋转的泳手发现自己的双脚在整个过程中像鱼尾一样摆动。为了避免或纠正这个问题，专注于使用核心肌肉来转动身体，并试图让上臂（从肩膀到肘部）尽可能接近垂直。

增加难度

- 闭上眼睛，在25码池中完成10次划臂，并且只关注手臂的位置。

降低难度

- 使用游泳式呼吸管。

检查结果

- 可以在进行练习时保持较长的身体线条。
- 可以避免在泳道中双腿像鱼尾一样摆动或向下摆动。

自我评分

1分：可以旋转，但髋部和双脚在水中蛇行。

3分：可以正确地进行该练习，完成几次划臂。

4分：可以使用游泳式呼吸管正确地进行该练习，完成25码。

5~10分：可以正确地进行该练习，完成至少25码（5分），可能甚至完成50码（10分）。每加10码得1分。

旋转练习3　20-20

20-20练习很简单，它可以帮助您专注于自己的旋转，以及抱水和划水的效率。该练习的第一部分包括，看看用20次划臂可以游多远。多次重复这一部分，尝试每次都游出更远的距离。该练习的第二部分包括，看看用20次换气可以游多远；这部分会在下一节讨论，它可以帮助您变得效率更高。

增加难度

- 每次划臂进行6次打腿。

降低难度

- 使用夹腿浮标来保持平衡。
- 使用游泳式呼吸管。

（续）

旋转练习3（续）

检查结果

- 可以缓慢而高效地完成20次划臂。
- 用20次划臂至少可以前进25码。
- 可以轻松地游，不需要每次划臂都换气。

1分：可以完成20次划臂，前进不到25码。

3分：可以完成20次划臂，前进超过25码。

4分：可以完成20次划臂，前进超过30码。

5～10分：可以完成20次划臂，前进超过40码。

呼　吸

　　作为陆上生物，我们无法像鱼那样从水中提取氧气；因此，我们必须找到在游泳时呼吸的方法。在自由泳中，可以通过转动头部来满足这一需求，泳手在划臂周期中找一个好时机转头，使嘴和鼻子露出水面（图3.4），就既可以呼吸了，又不会打乱自己的节奏。最好的办法是，当手臂在大腿处结束划臂并开始复位时，将脸转出水面。在肩部和髋部发起旋转，并且头部跟随转动。

　　这个技巧的重点并不是转动颈部，而是正确地定位。向前推进会有一个头波，并且会产生一个波谷；其深度和效果因游泳运动员而异。在流体力学的世界里，头波是由另一个物体相对于水的矢量位移产生的。所产生的波峰和波谷的大小取决于物体的质量、速度和位移浮力。由于身体在水中移动，头顶将导致在它前面的水随着头部向前移动而受到更大的压力。水会通过移动到压力较低的地方的方式，从这种高压状态中寻求平衡。由于水是不可压缩的，水分子要"选择"一个方向流动，有一些向下移动，另一些向上移动，或向旁边移动，有着无限多的矢量可能性。上升的部分被下降的部分抵消，产生一个波峰和一个低于水线的波谷，在试图将口鼻转向空中呼吸时，这将有所帮助。这里的目标是尽可能快地吸到空气，让您可以在手完成复位前让脸回到水中，从而为下一次抱水做好准备。

图3.4 单次划臂呼吸

准备

　就像在练习基本的划臂动作那样，蹬池壁，并开始划臂。

执行

1. 在用手臂划水时，慢慢呼气，直到从肺部呼出大部分空气。
2. 在结束下一次划臂时，旋转身体和脸，使脸露出水面，然后吸气并停止。

　　此时，您应该侧着身，或仰躺着，有一只手在身体旁边，另一只手臂举过头顶，在肩膀前面。多次练习这个过程。大多数人会偏好向着其中一侧旋转，所以，多次重复有助于确定哪一侧是优选侧。然后继续练习连续呼吸（图3.5）。

图3.5　连续呼吸

准备

遵循图3.4中单次划臂呼吸的步骤。

执行

1. 将脸转回水里，继续游泳。将脸转出水面，特别强调要将下巴转出来。
2. 旋转到一侧，并快速吸气，在手复位时将脸转回来，掌握了这个过程之后，就重复。
3. 记住，此时动作越慢越好。

错误

在尝试吸气时吞进了水。

修正

您的头是否抬起至垂直姿势并向前看，而不是旋转？这样做会让嘴和鼻子更接近水面；相反，想着要转出下巴，并留一只眼睛在水中。

错误

在呼吸时髋部下沉。

修正

请确保自己看向游泳池边，而不是抬起头向前看。

呼吸练习

呼吸最重要的一点就是时机。只有在少数运动中，呼吸才是生死攸关的决定，游泳就是其中之一。在跑步或参加其他运动的时候，呼吸其实并不是您必须自觉考虑的事情。而游泳则不同。当脸在水中时吸气会产生一些不良后果，甚至死亡。这个因素对于游泳新手来说尤其重要。当您逐步学习各种技能时，可能会发现自己始终屏住呼吸，这是一个错误。应确保有节奏地慢慢呼气和吸气，而不是在大口喘气。

呼吸练习1　单臂

单臂自由泳练习有几种版本。其中最有效的方法之一是，只用一只手臂划水，另一只手臂放在身体旁边，完成整个游泳池的长度。在每次划臂时，向非划臂侧呼吸，以保证要旋转到划臂侧。此练习的时机是至关重要的。必须慢慢来，在呼吸时，划臂侧肩膀应碰到耳朵。此外，划水臂应充分伸展，直至脸回到水中，再开始抱水。换手臂重复上述过程。

在两侧呼吸是很好的技能，但很多游泳运动员更喜欢在其中一侧呼吸。四十年前，教练们主张，需要学会在两侧呼吸才能成为好的游泳运动员。请看一下格兰特·哈克特（Grant Hackett），多项世界纪录保持者、奥运冠军，他只在右侧呼吸。迈克尔·菲尔普斯（Michael Phelps），历史上奖牌数最多的奥运选手也一样。此外，强调在两侧呼吸的问题是会导致分散对推进运动所需的注意力。当您有了很大的进步，需要与游泳教练合作时，呼吸问题就可以得到解决（如果有的话）。

增加难度
- 每次划臂进行6次打腿。

降低难度
- 使用脚蹼防止停滞的感觉，分离抱水和划水动作，以及呼吸的时机。确保在开始抱水之前，脸已经回到了水中。

检查结果
- 可以在进行该练习时保持修长的身体线条。
- 向两侧旋转。
- 可以在每次划臂时向非划臂侧呼吸。

自我评分
1分：可以使用脚蹼进行该练习。

2分：可以进行该练习，但需要使用脚蹼，并且在脸回到水中之前，手就已经开始划臂。

3分：可以正确地进行该练习，完成几次划臂。

4分：可以正确地进行该练习，完成25码向一侧呼吸。

5～10分：可以正确地向两侧进行该练习，完成至少25码（5分），可能甚至完成50码（10分）。每加5码得1分。

呼吸练习 2 3-5-3-7

这是一个流行的练习，用来训练呼吸控制和放松。它的目的不是让泳手屏住呼吸。数字（3，5，3，7）规定每25码在呼吸之间应该进行的划臂次数。换句话说，对于第一个25码，每3次划臂呼吸一次；第二个25码，每5次划臂呼吸一次，以此类推。即使用缓慢而有效的动作，完成该练习也是很有挑战性的，而奇数则是为了产生呼吸模式的交替。这种交替模式是一个很好的技能，对赛车手、铁人三项运动员和公开水域的游泳运动员来说尤其如此。它有助于在更高负荷时加快呼吸速率，并且还可以帮助公开水域游泳运动员导航。

增加难度

- 每50码，而不是每25码，改变一次呼吸模式。

降低难度

- 使用脚蹼来防止停滞的感觉，并分离抱水和划水动作。
- 使用夹腿浮标来保持平衡。

检查结果

- 可以进行呼吸模式。
- 可以轻松地在两侧呼吸。

自我评分

1分：可以进行划水练习，只有在使用脚蹼或夹腿浮标时才能完成序列中的3和5。

2分：使用脚蹼或夹腿浮标时可以进行该练习。

3分：可以正确地进行该练习，完成至少75码。

5～10分：可以正确地进行该练习，完成至少100码（5分），可能甚至完成200码（10分）。每加10码得1分。

呼吸练习 3 20-20 加呼吸

这是在旋转部分中描述的同一个练习，但现在要看看用20次呼吸可以游多远。请记住，这不是一个屏气大赛；事实上，屏住呼吸较长时间不仅危险，也不会帮助您游得更远或更好。

降低难度

- 使用脚蹼来防止停滞的感觉，并分离抱水和划水动作。
- 使用夹腿浮标来保持平衡。

检查结果

- 在进行该练习时，可以不屏住呼吸，而是慢慢地呼气。
- 可以在每一次尝试的时候都游得更远。

自我评分

1分：可以完成20次呼吸，前进不到50码。

2分：可以完成20次呼吸，前进超过50码。

4分：可以用20次划臂前进超过25码，并且用20次呼吸前进超过50码。

5～10分：可以用20次划臂前进超过30码，并且用20次呼吸前进超过75码。

打　腿

正如在第2章中讨论的，交替打腿是一项非常重要的技能，而现在的挑战是在游泳动作中运用该技能——具体地说，自由泳中，要在身体不再平趴在水面上的情况下运用它。虽然从用浮板打腿开始，但在呼吸时要结合转动。如果做得正确，打腿不仅提供推进力，还有助于平衡。特别是交替打腿，它采用交替的腿部动作，整条腿上下移动，在打腿的下行程和上行程中都对水施压。

很多游泳新手都觉得这个技能很难，因为他们的腿太僵硬，无法产生推进力。如果做得正确，打腿的力量应来自于髋部，并且下部核心的大肌肉也积极参与。腿的其余部分保持拉长和放松，您最好想象每条腿的膝关节和踝关节是用橡皮筋连接的。这样，打腿更可能会又长又流畅，而不会变得僵硬和机械。

略微绷直脚趾是没问题的，但过于用力绷直（而不是利用脚踝的自然屈曲）可能会导致僵硬和低效的打腿。低效的打腿也可能是脚露出水面而造成的。请记住，我们的目标是对水施加压力，因此，通常只有脚跟会露出水面。

错误

打腿僵硬，并且没有推进作用。

修正

缩小打腿的幅度，并稍微打快一点。请记住，水花仅仅表明水在吸收您的能量。想象试图用双脚在一个水桶或篮球框里面打腿。不要绷直脚趾，想着卷曲它们，并保持膝盖和脚踝"柔软"或放松。

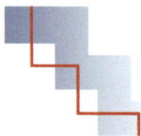

修正

检查双脚和脚踝。它们是否绷直和僵硬？它们是否背屈（L形）？保持双腿的下部放松，并且双脚略微绷直。保持伸长双腿，膝关节几乎没有屈曲，防止"骑自行车"推水的动作。请记住，应该从髋部发起打腿。

打腿练习

打腿对于减少肩膀的压力和让核心参与游泳动作是至关重要的。下面的练习可帮助您的打腿产生有效的推进力。

打腿练习1　浮板

这是一个很好的练习，可以培养交替打腿的基础。进行练习时，抓住浮板的底部，伸展双臂。蹬池壁，脸在水中，开始俯卧交替打腿。慢慢呼气，在旋转时将一只手臂拉到身边。该练习也适用于练习呼吸；一定要翻转髋关节，并在侧面快速呼吸。像通常一样在水面上进行手的复位。此时，您可能会觉得自己的髋部下沉。这是一个问题，因为它会扰乱行进线路并影响效率。尝试使用不同的打腿幅度、范围和频率来保持臀部浮在上面。

增加难度

- 一只手放在浮板上，侧身打腿（右侧打腿25码，左侧打腿25码）。
- 不使用浮板，以流线型姿势打腿。
- 以流线型姿势在水下打腿。

降低难度

- 使用脚蹼，防止失速的感觉，避免匆忙完成练习。
- 抓住浮板的顶部，将上臂放在浮板上，让脸露出水面。要知道，这样做会对下背部产生额外的压力。
- 使用游泳式呼吸管。

检查结果

- 可以保持脸在水中，并有效地打腿。
- 可以向一侧呼吸，而不是抬起头。

自我评分

1分：如果趴在浮板上，可以前进。

2分：可以将浮板伸出去，但需要脚蹼。

3分：可以将浮板伸出去，并且不使用脚蹼都能游得非常好。

4分：可以不使用浮板，但需要脚蹼才能前进。

5～7分：已成为专家，既不需要浮板，也不需要脚蹼。

打腿练习2　垂直打腿

该练习需要在更深的水域中进行，只需采用踩水姿势，并交替打腿。大多数泳手要用自己的双手帮助保持平衡。该练习的目的是培养对称的推进式打腿。

增加难度

- 打腿时，双臂交叉，手放在肩膀上。
- 打腿时，双手放在头上。
- 双手高举过头，摆出流线型姿势。

降低难度

- 使用脚蹼增加表面积。
- 用双手做划船动作，以提供提升力。
- 使用两块浮板帮助浮起来，一只手拿一块浮板。

检查结果

- 可以不使用双臂进行该练习。
- 可以在进行该练习时，每次尝试都能坚持更长的时间。

自我评分

1分：可以踩水并使用脚蹼垂直打腿。

2分：可以踩水并且不使用脚蹼垂直打腿。

3分：可以在不使用手的情况下，使用脚蹼垂直打腿20秒。

4分：可以在不使用脚蹼和手的情况下，垂直打腿20秒。

5或6分：可以用流线型姿势，使用脚蹼垂直打腿至少20秒。若不使用脚蹼，可以得到6分。

打腿练习 3　发射

该练习对打腿和身体姿势均有帮助。目标是沉在水下，实现流线型姿势，并用力蹬池壁。然后，开始尽可能快地打腿，在水下前进尽可能远的距离，记住，您需要上岸来换气。记住，身体的姿势决定了您的深度；如果低下头，您就会留在下面，当您抬起头的那一刻，就会上升到水面。重复该练习几次，增加从池壁前进的距离。在整个运动中以缓慢、受控的方式呼气。

增加难度

- 进行该练习至少15码。

降低难度

- 使用脚蹼，防止失速的感觉，避免匆忙完成练习。

检查结果

- 可以在进行该练习时保持修长的身体线条。
- 直到需要呼吸时才露出水面。
- 在上行程和下行程中都可以有力地打腿。
- 有很好的流线型。

自我评分

5分：使用脚蹼时，可以很好地游12.5码。
10分：不使用脚蹼时，可以很好地游12.5码。

时机和节奏

将所有这些独立的技能结合在一起，就是这个过程的最后一部分（图3.6）。从前面几节可以知道，这一章有很多组成部分；因此，如果在第一次尝试时没有成功，不必感到沮丧。理想情况下，每次划臂配6次打腿是最快的自由泳节奏，在这种情况下，下半身会移动得比上半身快得多。试试用以下的进程来将成功的机会最大化。

图3.6 同步打腿

准备

1. 从池壁开始，以流线型姿势蹬出，开始只使用双臂慢慢地游。
2. 建立一个舒适的、有节奏的呼吸模式。

执行

1. 慢慢地增加交替打腿，每次划臂只打腿两次。这几乎就像身体在走路时的自然摆动。
2. 将打腿的频率逐渐提高至每次划臂配6次打腿。

错误

当呼吸时，双脚间的距离很宽。

修正

这是一个常见的问题，当游泳运动员抬起头或无法让前面的手臂保持向前伸展时，就需要很大的打腿幅度，以保持平衡。确保前面的手臂伸得尽可能远，让自己从指尖到足尖的距离尽可能长。这样做可以让身体保持在同一直线上，并防止失控。

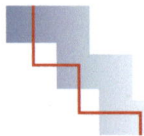

错误

在呼吸时打腿完全停止。

修正

将打腿减慢为两拍打腿，但尝试在呼吸时做三四次小幅度打腿；这种方法可以帮助您一直知道双脚的位置，并提醒自己继续打腿。

要记住以下几个关键点：打腿的幅度不应该太大。幅度过大的打腿会超出拖影的范围，拖影是随着您移动的一段水，并且稍稍在您的前沿后面。因为它已经是湍流，对它增加推进力会增加速度。如果打腿超出了这一段水，进入非湍流中，穿过那段湍流或非湍流界面的任何表面都会产生更大的阻力。此外，还要确保不要因为过度专注于数着打腿次数而停止划臂；如果在这个阶段中，划臂有停顿，要确保停顿发生在双臂都向前伸出的时候。此时，要尽可能保持最长的流线型姿势。相比于该动作中其他所有姿势的剖面，这种姿势的阻力是最小的。

时机和节奏练习

当走路的动作同步性较好时，走路是毫不费力的，您其实不需要去想很多。相比之下，游泳对于人类来说是一个不太自然的运动，所以我们必须学会如何组合各种动作。下面的时机和节奏练习能帮助您感觉何时要向哪里移动身体的哪个部位。

时机和节奏练习1　四分之三前交叉

这是练习节奏和时机的流行练习。首先是在这一章中介绍过的前交叉练习。当后面的手离开水开始追赶前面手时，前面的手慢慢地开始划动，直到双手都在头部前面经过，而不是真的追上。交替的节奏因游泳运动员而异，所以要多次重复该练习，找出最适合自己的节奏。

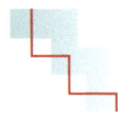

增加难度

- 每次划臂执行6次打腿。
- 从追上到双手的位置相反（即增加划臂的翻转），并根据感觉和距离调整。

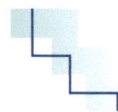

降低难度

- 使用脚蹼，以防止停滞的感觉，避免匆忙完成练习。
- 使用夹腿浮标来保持平衡。
- 使用游泳式呼吸管。

检查结果

- 可以在进行该练习时保持修长的身体线条。
- 没有让一只手追上另一只手，但几乎追上。
- 可以在结束划臂时经过髋部。
- 在开始划水之前，脸回到水中。

自我评分

1分：可以进行练习，但很匆忙，并且需要脚蹼。

2分：可以正确地进行划水练习，但需要脚蹼。

3分：可以正确地进行该练习，完成几次划臂。

4分：可以使用游泳式呼吸管正确地进行该练习，完成25码。

5～10分：可以正确地进行该练习，完成至少25码（5分），可能甚至完成50码（10分）。每加5码得1分。

时机和节奏练习2　2-6打腿

这是一个升级练习。开始时使用放松的两拍打腿，然后逐渐每25码加一次打腿，直至实现每次划臂6次打腿。其中有一种打腿模式会让您感觉最放松和舒服，但究竟是哪一种，这会随着时间而改变。应该经常重复该练习，因为打腿的时机会随着划臂的效率和速度而改变。

降低难度

- 使用脚蹼，以防止停滞的感觉，避免匆忙完成练习。
- 使用游泳式呼吸管。

检查结果

- 可以在进行该练习时保持修长的身体线条。
- 没有弄出大喷泉式的水花。
- 找到一个自己觉得舒服的打腿节奏。

自我评分

5分：可以进行所有打腿周期，但感觉很不自然。

10分：找到适合自己的节奏，并且不会感到身体扭曲不适。

时机和节奏练习3　3-5交换

　　这个时机和节奏练习也适用于练习呼吸和姿势。进行该练习时，蹬池壁，划臂3次，并在最后一次划臂结束时，保持前面的手臂向前伸，而跟随臂在大腿处结束划臂。保持这一姿势进行5次打腿，然后再划臂3次，并重复同样的动作。奇数的划臂次数意味着要在不同的侧身方向打腿。

增加难度

- 每次划臂进行6次打腿。
- 只在三次划臂的过程中换气。

降低难度

- 使用脚蹼，以防止停滞的感觉，避免匆忙完成练习。
- 使用游泳式呼吸管。

检查结果

- 可以在进行该练习时保持修长的身体线条。
- 只在三次划臂的过程中换气。
- 在练习的划臂部分中继续打腿。

自我评分

1分：可以进行练习，但很匆忙，并且需要脚蹼。

2分：可以正确地进行划水练习，但需要脚蹼。

3分：可以正确地进行该练习，完成几次划臂。

4分：可以正确地进行该练习，完成25码。

5～10分：可以正确地进行该练习，完成至少30码（5分），可能甚至完成50码（10分）。每加5码得1分。

成功摘要

　　自由泳是速度最快的竞技泳姿。如果做得正确，它可以提供速度和效率。结合全部技能的确是一项复杂的任务，所以如果在第一次尝试时没有成功，请坚持下去。最好让训练员或教练录制您的游泳视频，并评价您的泳姿，以确保您的实际动作和自己心目中的动作一致，并帮助您做出必要的调整。

自我评分

如果您得到至少80分，那么您就已经完成了这一章。如果您得到91至110分，那么您进展得不错，并有进一步提升自己泳姿的潜力。如果您的得分超过110分，那么您已经掌握了将自己的游泳技术带到更高水平的关键要素。

自由泳划臂练习

1. 前交叉　　　　　　　　　　　　　　　　____ 总分10分
2. 水下复位　　　　　　　　　　　　　　　____ 总分10分
3. 握拳　　　　　　　　　　　　　　　　　____ 总分10分

旋转练习

1. 拍头　　　　　　　　　　　　　　　　　____ 总分10分
2. 将夹腿浮标放在脚踝之间　　　　　　　　____ 总分10分
3. 20-20　　　　　　　　　　　　　　　　 ____ 总分10分

呼吸练习

1. 单臂　　　　　　　　　　　　　　　　　____ 总分10分
2. 3-5-3-7　　　　　　　　　　　　　　　 ____ 总分10分
3. 20-20加呼吸　　　　　　　　　　　　　 ____ 总分10分

打腿练习

1. 浮板　　　　　　　　　　　　　　　　　____ 总分7分
2. 垂直打腿　　　　　　　　　　　　　　　____ 总分6分
3. 发射　　　　　　　　　　　　　　　　　____ 总分10分

时机和节奏练习

1. 四分之三前交叉　　　　　　　　　　　　____ 总分10分
2. 2-6打腿　　　　　　　　　　　　　　　 ____ 总分10分
3. 3-5交换　　　　　　　　　　　　　　　 ____ 总分10分
总计　　　　　　　　　　　　　　　　 ____ **总分143分**

第4章 仰泳

现代仰泳在1900年巴黎奥运会上被引入到国际竞赛中（自由泳项目首先出现在1896年奥运会上）。这是类似于现代仰泳的泳姿的首次亮相，它导致了一些技术变化，并改变了如何让这种泳姿发挥出最佳效果的概念。原来的仰泳是手臂在水下伸直，并在水面上比较放松地复位，仿佛就是翻转过来的正面爬泳或自由泳。后来，澳大利亚游泳选手使用了弯臂划水，并形成了更接近于如今所公认的仰泳的泳姿。

仰泳与其他泳姿相比有一个巨大的优势，游泳运动员的脸是露出水面的。此外，掌握了仰泳技术的泳手在水中可以保持极好的平衡，这也有利于他们的自由泳。在这一章中，您将培养以下技能：

- 水平身体线条；
- 绕长轴旋转；
- 无水花的入水和有效的抱水；
- 在整个划臂过程中对水施压；
- 打腿节奏；
- 有效地呼吸；
- 有效的时机。

一旦掌握了所有这些技能，就很快可以掌握有效的仰泳姿势了。

良好的水平姿势是有效仰泳的一个关键要素，也奠定了对水施加压力，以实现推进的基础。如在第1章中掌握的（仰卧漂浮），基本姿势是躺在水中，让头部、髋部、双脚和双手都在水面。在水面上保持伸展，确保自己达到舒适和平衡的状态。

基本的仰泳划臂

良好的仰泳划臂（图4.1）包括抱水、划水、结束（手掌对着自己的身体，而不是向着池底）和复位，它们提供主要的游泳推进力。在划水臂近乎垂直的某一点上，旋转手，让小指引导划臂复位。请记住，在练习掌握这一项技能时，开始时动作要慢，并且可控，这是至关重要的。正如您可能会注意到的，这里没有提及打腿；这并不意味着不应该打腿，只是意味着您现在应该专注于所描述的技能。

图 4.1 基本的仰泳划臂

准备

1. 确保泳道中没有障碍，并且仰泳标志旗在适当的位置上。
2. 采用仰卧的平衡姿势。

执行：抱水

1. 用左手和左臂开始，旋转手，使得小指向池底倾斜。这样做会导致您稍微向一侧旋转。
2. 弯曲手腕，让手垂直于目标方向。

跟进动作：划水

1. 第二个要素是划水，在这一部分，弯曲肘部，让前臂也垂直于目标方向。保持肘部远离身体，并防止由它来引导划水。
2. 向后拉手臂，同时手和前臂保持垂直于目标方向。

结束

当划臂做到一半时，手臂大约在身体下方的中间位置，要从拉的动作过渡到推的动作，就像试图要用手拍打大腿。

错误

双脚下沉。

修正

在大腿之间使用夹腿浮标，以帮助平衡。一旦练好打腿动作，就不再需要这种辅助了。

错误

在整个划水过程中，手臂保持伸直并锁定，就像它划了一个大圈。

修正

想象用手臂抱着水，并将水推向双脚，向下推，好像试图拍打大腿那样。这个提示会让您弯曲肘部。

错误

在结束划水时，掌心向下。

修正

想象试图用手拍打大腿。由于水不能被压缩，您实际上不能够打到大腿，但这个想象可以帮助您记得要结束划臂。

多次划臂仰泳

一旦完成一次划臂周期（一次右臂一次左臂），就是时候将多个划臂周期组合在一起了。不同于自由泳的"前交叉"模式，在仰泳中，双手应该总是在划臂动作相对立的两端（图4.2）。

为安全起见，要在长度足够7到10次划臂，并配备了仰泳标志旗的泳池中练习这个技能。这些标志旗被放在离泳池末端5码处，大部分泳手在它们下面经过后，用2次或3次划臂可以到达池壁。

图4.2 多次划臂仰泳

　　确保泳道中没有障碍，并且配备了仰泳标志旗。采用仰卧的平衡姿势。以流线型姿势蹬池壁，脸露出水面，并用任意一只手臂开始划臂，自己觉得舒服就可以了；划臂7至10次。重复此过程几次，尽量用相同的划臂次数在池中游得更远。

错误

有很多的水花和打水动作。

修正

很多游泳运动员往往急于让手臂到达行程的顶部，这会导致过多水花。请记住，这里的目标是放慢划臂，实现无水花的入水。

错误

不断地拉起水帘，水落到脸上。

修正

在结束划臂时，旋转与划水臂同侧的髋部和肩部，使它们朝向天空。这个动作可以让出水动作干净利落，并且拇指最先出水；如果做得足够慢，只有一点点水会从手臂和手上滴下来。

划臂练习

划臂练习帮助您确保完成正确的入水、抱水和划水，通过分解动作，让您可以只专注于划臂的其中一个部分。这里介绍的3个练习还可以在旋转和节奏方面提供帮助。

划臂练习1　六次打腿交换

该练习可以有助于划臂、平衡和时机这几个方面的训练。要进行该练习，在开始仰卧打腿时，双手伸过头顶。稍微转向侧面，一只手臂向下划水到身体旁边。保持侧身姿势（一只手臂伸直，小指向下，另一只手臂平贴在身体旁边）打腿6次。然后，再次划水，双手交换位置。重复该练习，完成整个泳池的长度。

增加难度
● 手握成拳头，以确保用前臂和手抱水。

降低难度
● 使用脚蹼来防止失速的感觉，并分离抱水和划水。

检查结果
● 可以在进行该练习时保持修长的身体线条。
● 在开始第一次划臂时，在第一次拉出来之后没有露出水面或太深。身体应该只是在划臂开始的同时露出水面。

自我评分
1分：可以在脚蹼的帮助下完成几次划臂。

2分：可在脚蹼的帮助下完成整个泳池的长度。

3分：可以在没有脚蹼的情况下完成至少7次划臂。

4分：可以在没有脚蹼的情况下完成至少10次划臂。

5分：可以在没有脚蹼的情况下完成整个泳池的长度。

7 ~ 10分：可以在双手握拳的情况下完成至少半个泳池的长度（7分），或整个泳池的长度（10分）。

划臂练习2　停顿

在这个练习中，在复位的中途，当手臂出水并垂直时停顿。当停顿复位动作时，先转手，然后继续复位，确保在手入水时是小指先入水，只有很少或根本没有水花。只停顿一两秒，刚好够停住手臂向头部的运动。

增加难度

- 为了确保停顿，在复位的顶部旋转手和整条手臂两或三次。这是将手从拇指向外姿势重新定位成小指向外的时间。

降低难度

- 使用脚蹼，防止在向前运动中的失速感，并分离抱水和划水。

检查结果

- 可以保持练习的停顿部分几秒，肩膀和手臂垂直于水面。
- 在第一次动作后身体没有露出水面或在水中下沉过深。
- 没有由于在练习的停顿部分之后匆忙进入下一次划臂而溅出水花。

自我评分

1分：可在使用脚蹼时完成四个划臂周期。

2分：可在使用脚蹼时完成至少五个划臂周期。

3分：可在不使用脚蹼时完成四个划臂周期。

4分：可以在不使用脚蹼时完成至少五个划臂周期。

5～8分：可以在不使用脚蹼时前进至少25码，中间没有停下。

划臂练习3　双臂仰泳

这是一个典型的练习，可以帮助在划臂过程中保持手与肩膀在同一平面上。在做练习时，首先将手放在身体两侧并打腿。同时将双臂抬出水，并且拇指先出水，然后转动手腕，让小指先入水。入水时，双手间的距离应该略宽于肩宽。微微弯曲肘部，同时用双手抱水并向下划水到大腿。确保在结束时手掌平贴大腿，而不是向下伸向池底。

增加难度

● 手握拳。

降低难度

● 使用脚蹼来防止停滞的感觉，并分离抱水和划水。

检查结果

● 可在进行练习时保持较长的身体线条。
● 可以让肘部保持向外，离开身体。
● 在第一次动作后身体没有露出水面或在水中下沉过深。
● 在划水时，双手没有露出水面。
● 在结束划臂时，手掌平贴大腿，而不是向着池底。

自我评分

1分：可在使用脚蹼时完成四个划臂周期。

2分：可在使用脚蹼时完成至少五个划臂周期。

3分：可在不使用脚蹼时完成四个划臂周期。

4分：可以在不使用脚蹼时完成至少五个划臂周期。

5 ~ 8分：可以在不使用脚蹼时前进至少25码，中间没有停下。

旋 转

由于仰泳是由双腿和髋部驱动的，必须使用核心肌肉把髋部和肩部作为一体翻转，以进行有效的抱水和划水。理想情况下，通过用身体的旋转可以得到较深的、有效的抱水和划水（图4.3），而不是在结束划臂时将手掌放在髋部下面强迫髋部翻转，即"假装旋转"。后一种方法也迫使手臂全程抬起，回到水面，并产生额外的阻力。旋转也以另一种方式减少阻力——减少水面的截面积。

此外，在仰泳中的旋转可以有助于保持上臂与锁骨呈一直线；想象一条线从肘部延伸并直穿过肩膀。通过适当的身体旋转实现正确的对齐对于仰泳的意义是，手永远不会伸到自己的身后，这是一件好事，因为在那里可以产生很少或根本没有产生动力。伸到后面就类似于，背贴池壁，双手放在池边地面上，试图把自己推出水。如果您很强壮有力，也许能够这样做，但从长期来看，这样用力会导致肩膀受伤。

在进行这些练习和技能时，确保仰泳标志旗在适当的位置上，或者有一个搭档会在您到达池壁前提醒您停下。

图4.3　仰泳旋转

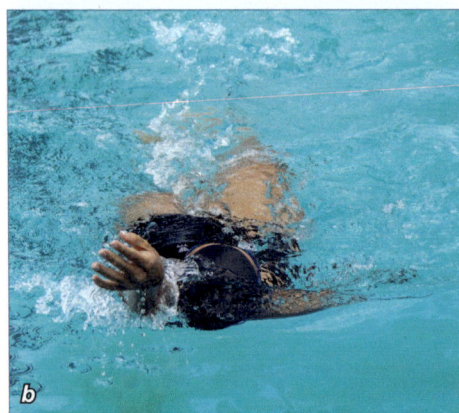

准备

确保泳道中没有障碍，并且仰泳标志旗在适当的位置上。

执行

1. 蹬池壁，保持仰卧姿势，开始旋转到非划臂手的一侧。
2. 当浸没的手和手臂划水时，另一只手臂应该稍微移出，呈抱水姿势。
3. 当浸没的手臂完成划水时，用核心肌肉和打腿动作来实现髋关节驱动，并旋转身体。
4. 第一只划水的手臂和肩部现在应该已经转动到露出水面上方，而另一只手和手臂进入抱水阶段。
5. 让刚刚完成划臂的手复位，并且以拇指为先，然后重复该循环。

错误

在从一侧转到另一侧的时候会下沉。

修正

穿上脚蹼帮助推进，直到练习出更好的打腿动作。

错误

在旋转时不能保持头部不动。

修正

把泳镜放在额头上，但不要把泳镜的带子箍在头上。为了保持泳镜不掉下去，必须保持头部不动！

旋转练习

下面的练习有助于在练习旋转时保持适当的身体和头部位置。请记住，每个练习可能涉及一种典型错误的过度修正；转换回完整的泳姿时，就可以消除所有错误，让每个动作都很流畅。

旋转练习 1　转肩

这个姿势练习可以帮助您意识到在该泳姿中，髋部和肩部是如何连接的，以及如何使用核心肌肉带动旋转。在进行练习时，蹬池壁，并开始仰卧打腿，双手放在身体的两侧。一旦感到舒适，就将一侧肩膀向着下巴转动，确保同侧髋部随肩部一起转动。返回水中的中立位置，并用另一侧肩膀重复。完成这种模式的几个周期，确保自己能够熟悉绕着身体的长轴旋转而不下沉。

增加难度

- 如在简介中提到的那样，执行每次划臂6次打腿。
- 将泳镜放在额头上，不要箍上带子。

降低难度

- 使用脚蹼，以防止停滞的感觉，避免匆忙完成练习。
- 用双手做划船动作，帮助平衡。

（续）

旋转练习1（续）

检查结果

- 可在进行练习时保持较长的身体线条。
- 可以将两侧肩膀都转出水面。
- 在第一次动作后身体没有露出水面或在水中下沉过深。
- 可以把每一侧肩膀都带到下巴处，同时保持头部稳定。

自我评分

1分：可以使用脚蹼进行该练习，但觉得非常具有挑战性，在停止之前只能做两个周期。

2分：可以使用脚蹼进行该练习，完成25码，但仍然比较艰难。

3分：可以使用脚蹼轻松地进行该练习。

4~7分：可以不使用脚蹼轻松地进行该练习，至少游半个池的距离。

旋转练习2　单臂仰泳

　　该练习与单臂自由泳练习非常相似。在进行练习时，蹬池壁，保持仰卧姿势，一只手臂放在身体旁边。用另一只手臂开始划臂，并一定要向两侧旋转。泳手通常会觉得向其中一侧旋转比较容易，另一侧较难，所以这个练习可能需要多练几次。

增加难度

- 每次划臂进行6次打腿。

降低难度

- 使用脚蹼，以防止失速的感觉，避免匆忙完成练习。
- 使用非划水臂的手做划水动作，以帮助平衡。

检查结果

- 可在进行练习时保持较长的身体线条。
- 可以将身体转向划臂侧与非划臂侧。
- 在第一次动作后身体没有露出水面或在水中下沉过深。
- 复位手臂不会拉起一道水帘。
- 在两侧都可以进行该练习。

自我评分

1分：可以使用脚蹼进行该练习，但觉得非常具有挑战性，在停止之前只能做两个周期。

2分：可以使用脚蹼进行该练习，完成25码，但仍然比较艰难。

3分：可以使用脚蹼轻松地进行该练习。

4~7分：可以不使用脚蹼轻松地进行该练习，至少游半个泳池的距离。

旋转练习3　拍打大腿

　　该练习比其他练习更高级，更加着重强调在复位时的旋转。在进行练习时，蹬池壁，保持仰卧流线型姿势，双手伸过头，详见在第1章中的说明。用一只手臂开始划水，另一只手臂留在伸过头部的地方。在划水臂复位时，当它到达垂直位置时停止，然后将它重新放下来，将手掌放在大腿上，然后再次启动复位，但这一次连贯地完成复位动作，一直到入水。如果旋转幅度过大（如以脊柱为轴，旋转的弧线包括髋部和肩部，它们在同一平面上，并保持固定距离），手和大腿应在水面，或水面上方。在开始完整复位时，另一只手臂开始同样的动作顺序。

增加难度

- 每次划臂进行6次打腿。

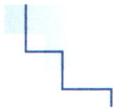

降低难度

- 使用脚蹼，以防止失速的感觉，避免匆忙完成练习。
- 使用非划水臂的手做划水动作，以帮助平衡。

检查结果

- 可在进行练习时保持较长的身体线条。
- 手和肘部保持在同一平面上，就像将一抱的水推向双脚一样。
- 肘部保持向外离开身体。
- 上臂和锁骨都保持在同一直线上。
- 在第一次动作后身体没有露出水面或在水中过深。
- 在结束划臂时，手掌在大腿上，而不是向着池底。

自我评分

1分：可以使用脚蹼进行该练习，但觉得非常具有挑战性，在停止之前只能做两个周期。

2分：可以使用脚蹼进行该练习，完成25码，但仍然比较艰难。

3分：可以使用脚蹼轻松地进行该练习。

4～7分：可以不使用脚蹼轻松地进行该练习，至少游半个泳池的距离。

呼 吸

在仰泳中，虽然脸是露出水面的，但应该练习一些技巧，以便在进行完整的仰泳动作时可以有效地呼吸。许多泳手认为，通过嘴巴吸气，并通过鼻子呼气是有效的做法。这样，如果水被泼到脸上，落入嘴里，您就可以将它吐出来或吞下去，而大多数人觉得最好通过鼻子吸入。此外，对许多泳手来说，该技巧有助于控制节奏和时机。因为游泳是有节奏的运动，要同步包括呼吸在内的所有身体动作，才可以游得好。大多数人只需稍加练习后就可以建立良好的呼吸节奏。

完成下面的仰泳呼吸练习。

准备

蹬池壁，并开始划臂。

执行

在用双臂划水时，练习当一只手臂划水时呼气，另一只手臂划水时吸气。

错误

在尝试呼吸时，吞下很多水。

修正

身体是平的还是在旋转？每一次都要旋转，并且复位侧要出水。

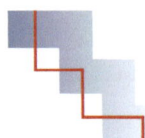

错误

每次呼吸时，臀部都下沉。

修正

您的双手是否停在臀部会合？良好的反手节奏可以防止很多泳手所遇到的长时间停滞。

呼吸练习

像很多需要体力的活动一样，游泳也没有什么不同，虽然脸露出水面，呼吸时机显得不那么重要，但仰泳呼吸仍然是应该掌握的一项技能。

仰泳呼吸练习　更多信息？

大多数仰泳运动员在一侧划臂时吸气，在另一侧划臂时呼气。他们还通过嘴巴吸气，并通过鼻子呼气。如果曾经在游仰泳时鼻子进水，你就会知道，这不是一个愉快的经历。请确保按照以下说明练习呼吸模式。

确保泳道中没有障碍。确保仰泳标志旗在正确的位置。蹬池壁，保持流线型姿势。在露出水面时，通过鼻子呼气。选择哪一侧的手臂是吸气手臂，哪一侧是呼气手臂。慢慢开始，在一侧划臂时通过嘴巴吸气，在另一侧划臂时通过鼻子呼气。实验一下，找出哪种模式最适合自己。增加力度和速度，同时保持控制。

增加难度

- 每次划臂进行6次打腿。

降低难度

- 使用脚蹼，以防止失速的感觉，避免匆忙完成练习。
- 使用非划水臂的手做划水动作，以帮助平衡。

检查结果

- 可在进行练习时保持较长的身体线条。
- 可以轻松地有节奏呼吸，不会吞水。
- 在第一次动作后身体没有露出水面或在水中下沉过深。
- 决定哪一侧吸气，哪一侧呼气。

自我评分

5分：可以在使用或不使用脚蹼的情况下游25码，没有吞水，并且水没有进入鼻窦。

打 腿

如果做得正确,打腿不仅提供推进力,还可以帮助保持平衡。在仰泳中使用的是交替打腿(图4.4)。它要配合交替的腿部运动,并且整条腿上下移动,在打腿的下行程和上行程中都对水施压。

这种打腿大体上与在自由泳中的打腿相同,但有几点小区别。像在自由泳中那样,想象每条腿的膝关节和踝关节是用橡皮筋连接的。这样,打腿更可能是长而且流畅的,而非僵硬和机械的。另一个陷阱是,许多泳手往往会"刨"水,因为强调向下打腿,忽略向上踢的部分,或者因为腿部抬得太高,露出了水面。

图4.4 仰泳打腿

准备

确保泳道中没有障碍,并且仰泳标志旗在适当的位置上。

执行

1. 以中立姿势躺在水面上。
2. 开始交替打腿动作。
3. 保持双腿伸长和放松,感觉在脚的上面和下面的压力。
4. 使用整条腿来打腿,而不仅仅是腿的下部(膝盖以下)。
5. 卷曲脚趾同时保持脚踝和膝盖放松。

错误

打腿幅度过大，溅出很多水花。

修正

想象脚趾只是轻弹水的顶部。对许多人来说，有效的心理意象是，假装有一个足球浮在水面上，您只是尝试用脚背去踢它。

错误

在打腿时没有前进，甚至会向后移动。

修正

检查双脚和脚踝。它们是否绷直和僵硬？它们是否背屈（L形）？保持双腿的下部放松，并且想着脚趾弯曲，而不是绷直。

打腿练习

为了培养推进式打腿，尝试以下练习。请记住，腿部动作应该幅度长且流畅。

打腿练习1　浮板

这是一个很好的练习，可以练习交替打腿的基础。进行练习时，抓住浮板的底部，这一次是要向下伸展双臂。蹬池壁，开始仰卧交替打腿，浮板放在大腿上部的下方。尝试不同的打腿幅度、范围和频率。只有脚趾（而不是膝盖）应该露出水面。如果做得不正确，或者做成"骑自行车"，膝盖就会弹离浮板。在这种情况下，记住，要让脚趾接触水面。

增加难度

- 不使用浮板，以流线型姿势打腿。
- 以流线型姿势在水下打腿。

降低难度

- 使用脚蹼，以防止失速的感觉，并保持脚踝的灵活性。

（续）

打腿练习1（续）

检查结果

- 可在进行练习时保持较长的身体线条。
- 可以保持膝盖不会撞到浮板，但脚趾露出水面。
- 在第一次动作后身体没有露出水面或在水中下沉过深。
- 用双脚的上面和下面都可以对水施压。

自我评分

1分：可以前进，但浮板会弹离膝盖四处舞动。

2分：浮板保持静止，但必须使用脚蹼。

3分：不使用脚蹼也可以做得不错，并且浮板保持静止。

4分：可以不使用浮板，但需要脚蹼。

5～7分：已成为专家，既不需要脚蹼，也不需要浮板。

打腿练习2　垂直打腿

　　该练习需要在更深的水域中进行，只需采用踩水姿势，并交替打腿。大多数泳手要用自己的双手帮助保持平衡。该练习的目的是培养对称的推进式打腿。在做这个练习时，可以在垂直打腿时将一只手举起，露出水面，然后在6次打腿后，换另一只手举起来。

增加难度

- 打腿时，双臂交叉，手放在肩膀上。
- 打腿时，双臂交叉，手放在头上。
- 双手高举过头，摆出流线型姿势。

降低难度

- 使用脚蹼增加表面积。
- 用双手做划水动作，以提供抬升力。
- 使用两块浮板帮助浮起来，一只手拿一块。

检查结果

- 可在进行练习时保持较长的身体线条。
- 在举起一只手臂时，可以在水中的同一点保持垂直姿势。
- 在第一次动作后身体没有露出水面或在水中下沉过深。
- 可以交换手臂，并且不沉。
- 可以进行该技能练习超过10秒。

自我评分

1分：可以踩水并使用脚蹼垂直打腿。

2分：可以踩水并不使用脚蹼垂直打腿。

3分：可以在不使用手的情况下，使用脚蹼垂直打腿20秒。

4分：可以在不使用手的情况下，不使用脚蹼垂直打腿20秒。

5或6分：可以用流线型姿势，使用脚蹼垂直打腿至少20秒。

7～10分：可以用流线型姿势，不使用脚蹼垂直打腿至少20秒。

打腿练习3　发射

　　该练习对打腿和身体定位均有帮助。进行该练习时，沉在水下，实现仰卧流线型姿势，并用力蹬池壁。然后，开始尽可能快地打腿，在水下前进尽可能远的距离，当然您需要出水上来换气。

　　记住，身体的姿势决定了您的深度；如果低下头，您就会停留在下面，但您抬起头的那一刻，就将会上升到水面。很多泳手需要使用鼻夹来防止水进入鼻腔；通过鼻子慢慢呼气也可以防止鼻子进水。重复该练习几次，增加从池壁前进的距离。

增加难度

- 增加发射的距离（通知救生员您正在练习这个技能）。
- 穿上旧的网球鞋（在公共泳池请使用替代品），以增加阻力。

降低难度

- 使用脚蹼，以防止失速的感觉，避免匆忙完成练习。

检查结果

- 可在进行练习时保持较长的身体线条。
- 在第一次动作后身体没有露出水面或在水中下沉过深。
- 保持肋骨向着天空或天花板，非常僵硬，并保持流线型。

自我评分

3分：可以在脚蹼的帮助下完成半个泳池的长度。

5分：可以在脚蹼的帮助下游出超过半个泳池的长度。

7分：可以不使用脚蹼游半个泳池的长度。

10分：可以不使用脚蹼游出超过半个泳池的长度。

时机和节奏

　　将所有这些独立的技能结合在一起，就是这个过程的最后一部分。从前面几节可以知道，这一章有很多部分组成；因此，如果在第一次尝试时没有成功，不必感到沮丧。理想情况下，每次划臂配6次打腿是最快的仰泳节奏，在这种情况下，下半身会移动得比上半身快得多。试试用以下的进程来将成功的机会最大化（图4.5）。

图4.5　仰泳的时机和节奏

准备

1. 从池壁开始，以流线型姿势蹬出，开始只使用双臂慢慢地游。
2. 建立一个舒适的、有节奏的呼吸模式。

执行

1. 慢慢地增加交替打腿，每次划臂打腿两次，只是使用双脚来帮助髋部提供平衡。
2. 将打腿的频率逐渐提高至每次划臂配6次打腿。

错误

双脚间的距离很宽。

修正

当游泳运动员使用双脚帮助平衡时，或在入水时手的距离太宽，就会出现这个常见的问题。通过在与肩同宽或稍宽一点的位置入水可以解决这个问题。

错误

打腿完全停止，并且双脚下沉。

修正

将打腿减慢为两拍打腿，在尝试熟悉后多几次打腿；仰泳是由腿部和髋部驱动的泳姿，这意味着，旋转来自核心肌肉和打腿。关键是，首先要使用核心来旋转；然后加上打腿来同步动作。

要记住以下几个关键点：打腿的幅度不应该太大。流体力学告诉我们，身体周围的水的位移会产生所谓的拖影。可以认为它是一段移动的水。由于从身体侧面和背部产生旋涡，当受到打腿的压力时，这股湍流会给您一点抬升力。拖影的边缘在湍流和非湍流之间的交接处。任何拖后的身体部位若超出该区域，就会增大位移的水的横截面轮廓，并极大地增加拖拽阻力。此外，还要确保不要因为过度专注于数着打腿次数而停止划臂；如果在这个阶段，划臂有停顿，就要确保停顿发生在双臂位置相反的时候。

时机和节奏练习

如同所有的泳姿那样，良好的时机和节奏是仰泳的关键要素。在自由泳中，双手要经过头顶，并几乎是在彼此"追赶"，与之不同，仰泳是双手位置相反型的泳姿。即一只手在入水时，另一只手应该正在出水。下面的练习帮助您培养良好的时机模式，实现顺畅而有节奏的泳姿。

时机和节奏练习1　交换

　　在这个简单的练习中，您只需将一只手臂伸至抱水位置上方，另一只手臂在另一侧大腿位置。然后说，交换——第一次数五秒，然后数四秒，然后三秒，以此类推，直到它变成顺畅的划臂。

增加难度

- 每次划臂进行6次打腿。

降低难度

- 使用脚蹼，以防止失速的感觉，避免匆忙完成练习。

检查结果

- 可在进行练习时保持较长的身体线条。
- 可以侧身打腿并保持平衡的姿势。
- 在第一次动作后身体没有露出水面或在水中下沉过深。
- 可以同步打腿和划水动作，让自己不会因身体扭曲而产生不适。

自我评分

1分：使用脚蹼。

2分：头部可以保持平衡。

5分：可以进行该练习，在交换时数秒可以减少到1，并且在划臂过程中没有中断或停顿。

时机和节奏练习2　3-5交换

　　这个时机和节奏练习也适用于练习定位。它与自由泳的"3-5 交换"练习相同，但是在这里要使用仰泳。在进行练习时，蹬池壁，划臂3次，并在最后一次划臂结束时，保持前面的手臂向前，而跟随臂在大腿处结束划臂。保持这一姿势进行5次打腿，然后再划臂3次，并重复同样的动作。奇数的划臂次数意味着要在不同的侧身方向打腿。

增加难度

- 每次划臂进行6次打腿。

降低难度

- 使用脚蹼，以防止失速的感觉，避免匆忙完成练习。

检查结果

- 可在进行练习时保持较长的身体线条。
- 可以保持身体姿势稳定地打腿五次。
- 可以做到3次无水花的完美划水，并保持旋转。
- 在第一次动作后身体没有露出水面或在水中下沉过深。
- 可以进行交换，并且没有溅出水花。

自我评分

1分：使用脚蹼。

2分：头部可以保持平衡。

5分：可以在没有脚蹼的情况下进行该训练，完成至少25码。

成功摘要

　　仰泳与自由泳非常相似，因为它非常依赖于核心。两者的主要区别在于，仰泳更多地由身体核心的下半部分驱动，而不是只"凭上身肌肉就可以完成"。最好让训练员或教练录制您的游泳视频，并评价您的泳姿，以确保您的实际动作和自己心目中的动作一致，并帮助您做出必要的调整。

自我评分

　　如果您得到至少51分，那么您就已经完成了这一章。如果您得到52 ~ 75分，那么您进展得不错，并有可能进一步完善自己的泳姿。如果您的得分超过76分，那么您已经掌握了将自己的游泳技术带到更高水平的关键要素。

划臂练习

1. 六次打腿交换 　　　　　　　　　　　　____ 总分10分
2. 停顿 　　　　　　　　　　　　　　　　____ 总分8分
3. 双臂仰泳 　　　　　　　　　　　　　　____ 总分8分

旋转练习

1. 转肩 　　　　　　　　　　　　　　　　____ 总分7分
2. 单臂仰泳 　　　　　　　　　　　　　　____ 总分7分
3. 拍打大腿 　　　　　　　　　　　　　　____ 总分7分

呼吸练习

仰泳呼吸 　　　　　　　　　　　　　　　____ 总分5分

打腿练习

1. 浮板 　　　　　　　　　　　　　　　　____ 总分7分
2. 垂直打腿 　　　　　　　　　　　　　　____ 总分10分
3. 发射 　　　　　　　　　　　　　　　　____ 总分10分

时机和节奏练习

1. 交换 　　　　　　　　　　　　　　　　____ 总分5分
2. 3-5交换 　　　　　　　　　　　　　　____ 总分5分
总计 　　　　　　　　　　　　　　　　____ **总分89分**

第5章 蛙泳

蛙泳的演变经历过许多个阶段，在世界各地的多种文化中都占有一席之地。有些人认为，它最初是模仿青蛙的动作，但现代的版本在蹬腿方面有所不同。不管怎么说，它至少可以追溯到石器时代，在如今的埃及西部，有一些洞穴壁画描绘了使用该泳姿的人。蛙泳也是历史记载的第一个横跨英吉利海峡的泳手所使用的唯一泳姿。

它有几个优点：在每次划臂后都可以呼吸，可以看到自己前进的方向，并且一旦知道如何有效地进行该泳姿，就可以用它来求生和救生。虽然它在4种竞技泳姿中是最慢的，但它的微妙细节也使其成为最复杂的泳姿。虽然每个人都可以学会蛙泳（并且应该学会，因为慢版蛙泳在必须游长距离时是很重要的），但学好蛙泳游得快则需要大量的耐心和时间。

蛙泳和蝶泳被认为是"短轴"泳姿，但其实是时机和节奏式泳姿。当然，的确是在绕短轴做旋转（即通过胸部，横向旋转），而不是绕长轴（沿脊椎），但要记住，这种泳姿的最重要的元素是与所有泳姿一样的：

- 良好的身体姿势；
- 有效的抱水；
- 在整个划臂过程中对水施压；
- 打腿节奏；
- 有效地呼吸；
- 有效的时机。

一旦掌握了所有这些组成部分，就很快可以掌握有效的蛙泳姿势。

在4种竞技泳姿中，蛙泳是从划水和蹬腿获得同等推进力的唯一泳姿；因此，应该对两个元素给予同等重视。双重的焦点使一些泳手觉得蛙泳非常难以捉摸。在任何级别的比赛中，如果我们去观察池中的泳手，都会发现他们所采用的蛙泳风格特点比任何其他竞技泳姿都更多。有些游泳运动员使用更宽的划水或蹬腿，而另一些则使用更快的划臂速度。底线是：该泳姿并没有确定的最佳方法。

　　但是，像其他泳姿那样，也有某些基本动作提供推进力和最小化阻力。更具体地讲，在自由泳或仰泳中，即使打腿较弱，仍然可以靠上身肌肉力量去前进，虽然这是事实，但在蛙泳中却不能这样说。因此，在蛙泳中，要重点关注的第一个元素就是良好的蹬腿。

蛙泳蹬腿

　　下面的技能和练习将有助于掌握最复杂的泳姿：蛙泳。其中第一个技能是掌握蛙泳蹬腿（图5.1）。

图5.1　**蛙泳蹬腿**

准备

1. 确保泳道上没有障碍物，并且有充足的空间来练习该技能。
2. 以水平、平坦的平衡姿势开始。

执行

1. 从水平起始姿势，将脚跟抬起，拉向臀部。
2. 双脚的脚趾指向相反方向，远离身体中线。
3. 脚跟向外推，同时保持膝盖内旋。
4. 脚跟夹水并拢，同时用小腿的内侧和脚背推压水。
5. 保持该姿势，滑行，再重复。

错误

脚跟向外拉，拉至膝盖前面。

修正

以膝盖作为前导，可以用整条腿楔水，将更多压力放在髋部。应改为，想象膝盖之间的距离刚好与双手间距离一样。或者，在蛙泳蹬腿时，在膝盖上方放一个小浮标，也会有同样的效果。

许多的泳手在蛙泳打腿中会遇到以下问题。为了避免这些常见的错误，请复习第 2 章的练习。

- 蹬"出"，仿佛在做一个侧踢，而不是固定脚背推水。
- 脚跟提起得太远或不够远。
- 蹬腿时绷直了脚尖。
- 膝盖向外拉，而不是保持内旋。
- 双腿保持并拢。
- 没有控制核心，从而使得结束时的动作更像海豚式打腿。

请记住这些陷阱，以避免因缺乏有效推进的蹬腿而出现的后续问题。

蹬腿练习

在第 2 章（掌控水性）中提到，良好的推进式蛙泳蹬腿，重点是用膝盖以下的腿部向水施压。通过以下练习来复习该要领。

蹬腿练习 1　池壁蹬腿

开始时站在靠近池壁的水中，水深至少达胸部，背贴着池壁。从右腿开始，抬起脚跟，膝盖以背屈或 L 形仍然接触池壁。当大腿平行于池底时，停止抬腿。

保持该姿势，脚跟向外滑出去，并离开身体中心线，同时膝盖留在原先地方。这个动作一开始会让人觉得别扭。关键是要确保脚跟比膝盖离身体中心线更远。您可能需要使用池壁来帮助平衡。

脚到位后，用扫水动作将脚背向下推向池底。当感觉到水对脚背和小腿内侧的压力时，就成功了。在右脚成功后，尝试用左脚完成同样的动作。当习惯这个动作时，尝试双脚一起完成它。

（续）

蹬腿练习1（续）

增加难度

- 尝试闭上眼睛完成该练习。
- 在更深的水中，面向池壁练习同样的蹬腿动作。

降低难度

- 转身面对池壁，让自己能够看着腿部姿势。

检查结果

- 在使用右脚时，可以感觉到水对脚背和小腿内侧的压力。
- 在使用左脚时，可以感觉到水对脚背和小腿内侧的压力。
- 可以同时用双腿有效地蹬腿，产生推力，并保持双膝间距离不超过12英寸（约30厘米）。
- 感觉到身体略微升出水面。

自我评分

1分：每次可以用一条腿练习。

3分：可以同时用两条腿练习。

5分：当双腿同时蹬腿时，可以感觉到抬升力。

一旦感觉到由下半身产生的有效推动，就是时候开始练习水平地，而不是垂直地运用这种力量了。

蹬腿练习2　在水中移动

现在，您感觉到了对水的压力，是时候通过在水中移动来确保它是推进式压力了。该进程的下一部分要求您以第1章中所描述的中立姿势仰卧在水面，双手放在身体两侧帮助平衡。提起脚跟。一旦脚跟靠近臀部，向外旋转脚跟，使其比膝盖距离更宽，然后扫水，脚跟并拢。小腿和脚应该背屈或呈L形。在完成蹬腿时，脚踝并拢，绷直脚趾。

请记住，这些动作更加关注压力，而不是速度或力量。在完成一次蹬腿后，回到中立姿势，让动力逐渐消失。重复同样的动作，直到自己感觉舒服。

重要提示！在这个练习中，您将无法看到自己的前进方向。确保仰泳标志旗在正确的位置（离池壁15码），或请教练或训练员在必要的时候提醒您停住！

增加难度

- 将浮板放在腿的上半部分，以防止大腿露出水面。
- 在双腿之间放一个夹腿浮标，放在略高于大腿中部的位置，以确保膝盖始终并在一起。

降低难度

- 使用两块浮板（每只手拿一块）以帮助平衡。
- 同时使用轻微的划水动作，以提供一点推进力。

检查结果

- 可以同时用双腿有效地蹬腿，产生推力，并保持双膝间距离不超过12英寸（约30厘米）。
- 可以轻松地仰卧前进25码。

自我评分

1分：可以前进10码。

3分：可以前进25码。

5分：可以用15次或更多次的蹬腿前进25码。

7分：可以用不到15次蹬腿前进25码。

蹬腿练习3 俯卧蹬腿

为了建立有效的蛙泳蹬腿，下一个练习要从中立姿势的仰卧蹬腿转换为俯卧蹬腿。记住，在脚跟靠近臀部时，就立即向外旋转脚跟，使它们宽于膝盖，然后扫水，脚跟并拢。小腿和脚应该呈背屈或L形姿势。在完成蹬腿时，脚踝并拢，绷直脚趾。做这个练习时，双手先放在身体两侧帮助平衡，然后切换到流线型姿势。重复同样的动作，直到自己感觉舒服。

增加难度

- 保持流线型姿势。
- 在双腿之间放一个夹腿浮标，放在略高于大腿中部的位置，以确保膝盖始终并在一起。

降低难度

- 使用浮板，将它伸出放在前面，或者趴在它上面。
- 同时使用轻微的划水动作，以提供一点推进力。

（续）

蹬腿练习3（续）

检查结果

- 可以同时用双腿有效地蹬腿，产生推力，并保持双膝间距离不超过12英寸（约30厘米）。
- 可以轻松地俯卧前进25码。

1分：可以前进10码。

3分：可以前进25码。

5分：可以用15次或更多次的蹬腿前进25码。

7分：可以用不到15次蹬腿前进25码。

划 水

蛙泳的第二个推进要素是划水（图5.2）。与自由泳和仰泳不同，每个动作都是彼此独立的；因此，时机是至关重要的。首先，将重点放在培养很好的蛙泳抱水和划水阶段。不同的是，双手不是像前面介绍的技能那样叠在一起。抱水和划水是同一个动作的两个部分。将双肘在身体下方并在一起，同时向前移动双手，从而实现从划水姿势将水释放出来。

下面介绍一个有效的技巧，帮助思考如何将这些动作组合在一起。想象自己正在用小指将蛋糕糊从碗里刮出来，然后将它推给别人。双手在整个抱水和划水阶段中要加速，直到再次到达中立姿势。双手永远不应该超过肩膀。如果超过了肩膀，就必须将它们带向前面，产生与自己游泳方向相反的推进运动。然后，在这个动作让您停下后，您必须再次启动，因此需要更多的能量来加速。

图5.2 **蛙泳划水**

准备

1. 请确保有足够的空间来进行该练习。
2. 以中立姿势俯卧，双臂伸直，掌心向下，差不多是流线型姿势。

执行

1. 开始抱水动作，双手向外扫水，稍过肩膀一点，同时手指向下倾斜，指向池底。
2. 从上面看下来时，躯干和手臂应该呈Y形。当手指向下倾斜时，肘部略微弯曲，让前臂呈现更垂直的位置，并对水施加更多压力。
3. 在双手以肘高手低的姿势经过肘部之前，停止对水施加压力。
4. 在双手向前推时，双肘收起。
5. 在恢复流线型姿势的时候，确保双手加速通过。

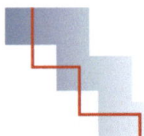

错误

划水范围太宽，手肘伸直，掌心向外。

修正

请记住，手指要向下倾斜并抱水。向外扫水，仿佛使用的是划船动作，但这里的目标是手指向下折，用手掌对水施压。

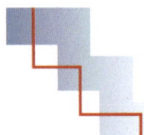

错误

双手划过了肩膀宽度。

修正

想着要早一点释放水，甚至在胸部下方让双肘相触。这样做有助于确保双手在划水时不会超过肩膀宽度。

蛙泳划水练习

在蛙泳中，划水与蹬腿同样重要，对于蹬腿部分做得不那么好的那些泳手来说，划水甚至是更重要的。为了有助于培养有效的划水，可将整体泳姿的这一部分隔离开来。更具体地，在蛙泳中，手的倾斜度和肘部的位置也与在其他泳姿中一样重要。高肘部的姿势比只是用手划水的效果更好。使用下面的练习，培养良好的推进式划水。

划水练习1　蛙泳划水加自由泳打腿

该练习通过使用更容易的打腿来隔离划水，以减缓时机的问题。进行该练习时，趴在水中，双手伸在前面，自由泳打腿。每六次打腿，进行一次蛙泳划水。

增加难度

- 加快打腿速度——每次划臂至少8次打腿。

降低难度

- 使用脚蹼防止停滞。
- 使用腿夹浮标，并且完全不打腿。

检查结果

- 可以感受到水对手和前臂的压力。
- 可以俯卧着用9次划水，轻松地前进25码。

自我评分

1分：可以前进10码。
3分：可以前进25码。
5分：可以用10次或更多次的划水前进25码。
7分：可以用最多9次划水前进25码。

划水练习2 网球或拳头

在进行该练习时，双手各拿一个网球，或者至少双手都紧握拳头。进行与前一个练习相同的动作，但不要使用手作为推进面。

增加难度

- 加快打腿速度——每次划臂至少8次打腿。

降低难度

- 使用划手掌或稍张开手，只是弯曲手指，而不是拿着网球。

检查结果

- 可以感受到水对手和前臂的压力。
- 可以俯卧着用9次划水，轻松地前进25码。

自我评分

1分：可以前进10码。
3分：可以前进25码。
5分：可以用13次或更多次的划水前进25码。
7分：可以用最多12次划水前进25码。

呼 吸

蛙泳有许多优点，其中一个是，您可以在每次划臂时都呼吸。呼吸的确切时机是蛙泳节奏的重要组成部分（图5.3）。因此，在开始将各种技能组合成完整的蛙泳之前，最好单独练习呼吸。在进行以下练习时，抬起头呼吸；关键是要在正确的时间用正确的方式这样做。由于层状水流对胸部造成的其他压力在水中提供了抬升力，这种运动应该足以让嘴和鼻子露出水面。一些泳手会出水较高，另一些会较低；具体情况因人而异。

图5.3　蛙泳呼吸

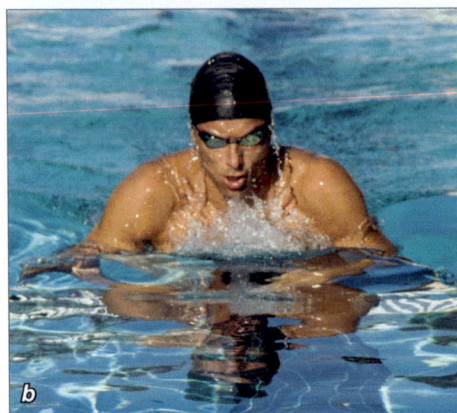

准备

1. 以中立姿势趴在水上。
2. 进行一次蹬腿，并等待完整的两秒。

执行

1. 双手向外扫水。等待至双肘弯曲时才呼吸。在划臂的中后部分才呼吸的原因是：如果在划臂中有停顿，它应该刚好在加速之前。
2. 不应该抬起头部，而应该利用向外扫水所产生的抬升力，因此，只需要将下巴向前送就可以了。
3. 当脸在水中时呼气。

错误

呼吸得太晚，并且双手在下巴下方停止。

修正

想着试图快速让双肘在胸部下方相触。这将让双手向前移动，迫使自己早一点呼吸。

错误

手掌向下推，并且髋部下沉。

修正

想想指尖的位置。在向前划水的大部分过程中，它们都需要向下指，而不是向下推。

呼吸练习

在蛙泳中，呼吸其实是在保持前几步均衡发展前提下的一种学习。我们从前几步中知道，头部位置很重要。下面的练习将帮助建立良好的头部位置，并有助于呼吸。

呼吸练习　网球2

该练习可以帮助您保持适当的头部位置，在蛙泳中吸气或呼吸。在进行该练习时，把一个网球放在下巴下面，并用胸部帮助夹着它。这个动作可保持颈部的一致性，并防止您在呼吸时出水太高。游常规的蛙泳，并尝试在划臂中早一点和晚一点呼吸，找出最适合自己的时机。避免用手掌向下推水。

增加难度

- 让脸留在水中划臂一两次。

降低难度

- 穿上脚蹼，并使用海豚式打腿，而不是蛙泳蹬腿。

检查结果

- 可以在每个划臂时都呼吸，并且网球不会掉下。
- 可以用蛙泳蹬腿前进25码，并且网球不掉下。

自我评分

1分：可以前进10码。

3分：可以前进25码。

5分：可以前进25码，并且网球不掉下。

7分：可以前进50码，并且网球不掉下。

时机和节奏

时机对于蛙泳和蝶泳都至关重要，但在蛙泳中是最重要的。为了练习时机，可以使用一些针对这一点的简单练习。蛙泳的秘密是，其推进力有一半来自于蹬腿，另一半来自于划水。关键是不能在同一时间做这两个动作。正确的节奏是一次蹬腿，再接一次划水加呼吸，最后是一次恢复到伸展姿势。

时机和节奏练习

在蛙泳中，因为推进力平等地来自蹬腿和划水，所以关键是要最大化每个元素的效率。若做得不对，结果就是游得很慢。要确保在划水时没有蹬腿，反之亦然。下面的练习包括了对一些典型问题的过度修正，但应该能有助于分开这两个动作，让您培养出很好的节奏。

时机和节奏练习1　两只河马蛙泳

这是一个慢动作练习，可以有助于掌握时机。进行该练习时，蹬池壁，摆出流线型姿势。做一次蛙泳蹬腿，然后等待，并数着"一只河马……两只河马"。接下来，如前所述，划水并呼吸，并在再次蹬腿之前向前冲。这个方法可以教会您手臂和腿的独立动作。

增加难度

- 数到"三只河马"。

降低难度

- 使用夹腿浮标，放在高于膝盖处并打腿。

检查结果

- 可以在进行该练习时保持修长的身体线条。
- 没有同时移动自己的手和脚。

自我评分

1分：可以前进10码。

3分：可以前进25码。

5分：可以用10次或更多次的划水前进25码。

7分：可以用最多9次划水前进25码。

时机和节奏练习2　每次划臂两次蹬腿

这个经典的蛙泳练习有助于增强对时机和姿势的意识；它也有助于平衡。进行该练习时，以伸展姿势打腿两次，双手尽量伸向前（但不是彼此相叠），每次抱水划水的序列单元进行两次蹬腿。在每次蹬腿时保持低头并伸长颈部。

增加难度

- 数到"三只河马"。

降低难度

- 使用夹腿浮标，放在高于膝盖处并打腿。

检查结果

- 可以在进行该练习时保持修长的身体
  线条。
- 没有同时移动自己的手和脚。

自我评分

1分：可以前进10码。

3分：可以前进25码。

5分：可以用10次或更多次的划水前进25码。

7分：可以用最多9次划水前进25码。

时机和节奏练习3　蛙泳划水加海豚式打腿

这是大多数现代蛙泳运动员使用的又一经典练习。在进行该练习时，只需进行一次蛙泳划水加一次海豚式打腿。（对于基本的海豚式打腿技术，请参阅第2章）该练习可以帮助您掌握时机，让您可以操纵自己的浮力中心，并借助来自双腿的推进力的波浪前进。

增加难度

- 只使用划水，并将夹腿浮标放在大腿之间。

降低难度

- 使用脚蹼。

检查结果

- 可以在进行该练习时保持修长的身体
  线条。
- 可以用波浪形节奏移动。

自我评分

1分：可以前进10码。

3分：可以前进25码。

5分：可以用10次或更多次的划水前进25码。

7分：可以用最多9次划水前进25码。

蛙泳划出

现代蛙泳中，在开始和每次到池边转身时都要进行所谓的划出（图5.4）。在进行划出时，泳手在水下蹬池壁（或从跳水开始），摆出流线型姿势。当双手分开时，可以划臂一次至臀部。泳手被允许在这个部分中的任何时间使用一次海豚式打腿。当泳手速度放缓时，双手被带到身体前面，并靠近身体，形成双手在前面伸出的蛙泳姿势。正是在这个时候，前面描述的划臂才真正开始。

图5.4 蛙泳划出

准备

1. 在靠近池壁时，将双脚放在水下约1.5到2英尺（约0.5米）的位置。
2. 当沉到水面之下时，双手合十呈流线型姿势，然后用力蹬池壁。

执行

1. 可以在蹬池壁时或在其后的任何时间里进行海豚式打腿。
2. 当双手分开时，向下弯起手指，指向池底做圆周运动，并抬起手肘。
3. 双手同时用力向下推向大腿。
4. 双手突然沿着身体回到上面，并向前伸过头部。
5. 在这里，发生第一次蛙泳蹬腿，然后人露出水面，开始完整的划臂。

蛙泳划出练习

划出是进入游泳姿势的一套完全独立的动作，其中只有一次划臂，因此，应该通过一些划臂练习单独训练划出。下面的练习让您可以练习很好地延续离开池壁时的前冲势头。进行划水的方式以及持续时间取决于各人的身体素质。

划出练习　多次划出

在该练习中，在水下重复多次划出动作，以判定时机。

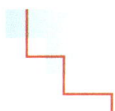

增加难度

- 看看前进25码能够有多快。

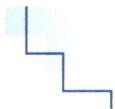

降低难度

- 慢慢做一次划出，看看可以前进多远。

检查结果

- 可以在进行该练习时保持修长的身体线条。
- 在第一次动作后没有身体露出水面或在水中下沉过深。

自我评分

1分：可以前进10码。

3分：可以前进25码。

5分：可以用6次或更多次的划水前进25码。

7分：可以用最多5次划水前进25码。

成功摘要

蛙泳具有其独特性，它的推进力有一半来自蹬腿，另一半来自划水。因此，该泳姿的节奏性很强，为了把它做好，需要身体的下半部分和上半部分独立工作。这种动态涉及一种取舍，并且有许多种有效的蛙泳方式。但所有蛙泳都有一个共通点：如果时机掌握得不好，就要花很多能量并且游得很慢，或者根本无法快速前进。

自我评分

如果您得到至少32分，那么您就已经完成了这一章。如果您得到33至48分，那么您进展得不错，并有可能进一步完善优化自己的泳姿。如果您的得分超过48分，那么您已经掌握了将自己的游泳技术发展到更高水平的关键要素。

蹬腿练习

1. 池壁蹬腿   ____ 总分5分
2. 在水中移动   ____ 总分7分
3. 俯卧蹬腿   ____ 总分7分

划水练习

1. 蛙泳划水加自由泳打腿   ____ 总分7分
2. 网球或拳头   ____ 总分7分

呼吸练习

网球2   ____ 总分7分

时机和节奏练习

1. 两只河马蛙泳   ____ 总分7分
2. 每次划臂两次蹬腿   ____ 总分7分
3. 蛙泳划水加海豚式打腿   ____ 总分7分

划出练习

多次划出   ____ 总分7分

总计   ____ **总分68分**

第6章 蝶泳

蝶泳是第4种在国际竞赛中承认的竞技泳姿。它是在20世纪30年代发展出来的，目的是尽量减少蛙泳中在水下进行手臂复位所产生的阻力。早期的蝶泳（被称为蝶蛙泳）使用在水面上方的复位，加上蛙泳蹬腿。这种技术比蛙泳快得多，但需要很大的力量。直到50年代，蝶泳才被认为是独立于蛙泳的一种泳姿，并且海豚式打腿的使用被加入到评判这个新泳姿的正式比赛规则中。

如第5章中提到的，像蛙泳那样，蝶泳被认为是"短轴"泳姿，它其实是一种时机和节奏式泳姿。它的确包括绕短轴旋转（即通过胸部，横向旋转），而不是绕长轴（沿脊椎），但要记住，这种泳姿中，最重要的元素是与所有泳姿一样的：

- 良好的身体姿势；
- 有效的抱水；
- 在整个划臂过程中对水施压；
- 在整个泳姿过程中加速；
- 打腿节奏；
- 有效的呼吸；
- 有效的时机。

一旦掌握了所有这些技能，就很快可以掌握有效的蝶泳姿势。

蝶泳的基本动作涉及到一个起伏节奏，双腿和双臂都精确地定时同步。良好的蝶泳有一个最重要的元素，就是利用身体的核心。这是最大的动力来源。

以下是流畅地完成该泳姿的一些基本动作。从在第1章中介绍的中立姿势（在水中脸朝下，双臂伸出，伸过头顶），将胸部向下压向池底。为了便于这样做，双脚可以使用一个向下的动作，其中双腿并拢完成海豚式打腿的下行程。

接下来，把臀部向下推，同时弓背，将头部和胸部带回水面。同样，我们鼓励您用双腿完成海豚式打腿的上行程；您应该感到双腿的背部和双脚的底部受到了一定的压力。在这里使用海豚式打腿既可以提供推进力，又可以操纵控制自己的浮力中心位置，从而产生起伏运动。

在完成起伏和打腿动作时，手指向下倾斜，指向泳池底部，同时肘部弯曲，类似于将自己向上推出泳池的动作。当手和前臂接近垂直时，向后推，同时双手和双臂加速。双手和前臂的推进力（同时下巴稍向前送）使您升出水面足够高，可以换气。

最后一个元素涉及双手在经过臀部和出水时的加速。当头部和肩膀露出水面后，双手在结束时的有力动作可以让手臂直线复位。双臂保持笔直，而不是弯曲并平行于水面。手和手臂的入水位置应该是头部上方，在肩膀前面，双手间距离也可以稍宽于肩膀宽度，从而回到原来的中立姿势，以开始下一个泳姿周期。

您将在以下部分中练习每个元素，其中既包含了有助于掌握每个元素的训练，还有最终把它们放在一起进行讨论的内容。

海豚式打腿

不同于交替式打腿，海豚式打腿要从核心的中间部分得到动力，即从肋骨的下半部分开始向下一直到骨盆的区域。此外，双腿全过程并拢。基本动作包括用强壮的核心肌肉来回带动髋部，腿部只是用于结束打腿。双腿应该拉长、放松；让强壮的核心肌肉参与大部分的工作。

针对这种打腿的良好心理意象是，海豚或鲸鱼的动作；尝试用身体（从胸部以下的部分）模仿这种动作。有些泳手觉得想象双腿粘在一起，无法分开，这也会有帮助。

在这一章中，您将练习以下技能：

1. 培养对称的推进式打腿；

2. 双手放在水面上，实现良好的抱水姿势；

3. 从抱水到划水，并确保从正确的方向施力；

4. 在划水过程中双手加速；

5. 同步打腿和划水；

6. 有效的呼吸；

7. 双臂的复位。

脸露出水面的海豚式打腿

这里的关键是要维持节奏稳定的打腿（暂时还不需要考虑速度），感觉就像要沿着腿一路向下对水施加压力。记住，要从核心发起打腿，并流畅地沿着腿向下移动。一旦掌握了这个动作（图6.1），就是时候继续到下一个部分了。

图6.1 脸露出水面的海豚式打腿

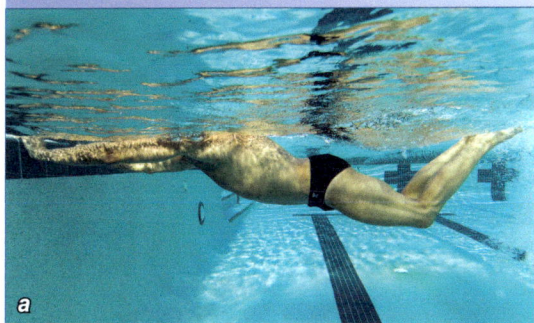

准备

1. 练习的第一部分是进入水中，抓住排水沟。
2. 面对池壁站立，打腿或将腿浮到水面，使身体水平，与池底平行。
3. 在这个阶段，可以使用前臂和池壁来帮助自己实现水平姿势，头部保持露出水面。
4. 在进行这一部分练习时，让双腿保持尽可能地拉长且放松（不要主动绷直脚趾）。
5. 当双脚到达水面时，记住，目标是对水施压，这意味着双腿一定要在水里以下。

执行

1. 模仿海豚尾巴的运动保持双腿合拢。
2. 这种运动应该是有节奏的起伏，而不是快速或忽动忽停的。应该在打腿的下行程和上行程中都感到压力。

脸在水中的海豚式打腿

在前几个部分的练习中，您已经形成了一个心理意象，在水中实现了水平姿势，并使用双腿保持平衡。接下来的部分（图6.2）是要确保所练习的打腿是推进式的。采用在第1章中练好的伸展流线型姿势。如果双手抓住池壁，并且呈悬吊状，而不是去推池壁，可以做一个简单的从手到脚趾的检查，看看姿势是否正确。

117

图6.2　脸在水中的海豚式打腿

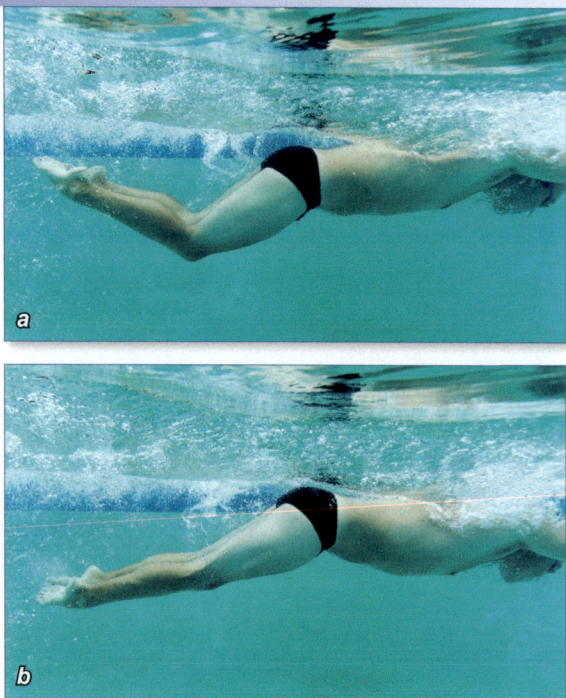

准备

1. 该练习的第一部分是进入水中，抓住排水沟。

2. 从面对池壁的站姿开始，打腿，或让双腿上升到水面，并且使身体水平，平行于池底。

3. 在这个阶段，完全伸直双臂。

4. 在进行这一部分练习时，让双腿保持尽可能拉长且放松（不要主动绷直脚趾）。

5. 当双脚到达水面时，记住，目标是对水施压，这意味着双腿一定要在水面以下。

执行

1. 一旦熟悉了水平位置，就让脸进入水中，并伸直双臂，这样就只有双手在池壁上。

2. 和以前一样，双腿合拢，模仿海豚尾巴的运动。

3. 这种运动应该是有节奏的起伏，而不是快速或忽动忽停的。您应该在打腿的下行程和上行程中都感到压力。

4. 应该在打腿的上行程和下行程中都感到自己被推向池壁。

使用浮板的海豚式打腿

　　同样，练习的这个部分（图6.3）可以确保打腿确实是有推进力的。如果您停下，甚至会倒退，请重复从手到脚趾的检查，看看姿势是否正确。许多泳手来泳池的时候，其脚踝活动范围有限。要确保脚踝轻微跖屈，使脚尖指向离开身体的方向，但不要绷得太紧，导致双腿僵硬。

　　当您需要呼吸时，只需要对浮板施加压力，抬起头吸气。快速完成这一个动作，以保持在水中的平衡，并让脸回到水中，以稳定自己的平衡。

图6.3　使用浮板的海豚式打腿

准备

1. 使用浮板只是为了保持平衡，双手放在浮板的下角。
2. 在水中背对池壁抬起双脚，并将它们放在池壁上，以俯卧姿势蹬出去。
3. 请确保脸在水中，并直接看着池底。

执行

开始使用在之前练习过的相同节奏打腿；这样您应该以非常缓慢的速度在泳池中被推进。

不使用浮板的海豚式打腿

一旦掌握了使用浮板的打腿，就是时候再次考验推进式打腿了。重复刚才描述的过程，但这次不要用浮板辅助（图6.4）。目标是以流线型姿势打腿。如果在使用浮板的情况下能做得到，那么这种转变应该会更容易一些。这里的新挑战是，在呼吸时，应该使用在前面第2章中描述的相同划水动作：只要双手有节奏地向外扫水，就可以对水施加足够的压力，让头上升，快速地吸气。一旦掌握了这种技巧（可能需要尝试几次），就是时候继续练习仰卧海豚式打腿了。

图6.4 **不使用浮板的海豚式打腿**

准备

1. 在水中背对池壁抬起双脚，把它们放置在池壁上，脸朝下地蹬出去。
2. 请确保脸在水中，并直接看着池底。

执行

1. 开始使用在之前练习过的相同节奏打腿；您应该以非常缓慢的速度在水中被推动前进。
2. 双手有节奏地向外扫水，对水施加足够的压力，让头可以上升，快速地吸气。
3. 让脸回到水中，继续练习。

仰卧海豚式打腿

仰卧海豚式打腿（图6.5）与俯卧打腿只是稍有不同。打腿的上行程是推进的，而下行程用于推进手臂的复位和入水。同样，建立一个有效的心理意象会有帮助。就像俯卧打腿那样，想象每条腿的关节都用橡皮筋连接起来；保持拉长和放松仍然是关键。这个心理意象可以帮助您在正确的地方施加压力，并使用适当的肌肉。

图6.5 仰卧海豚式打腿

准备

1. 请确保有足够的空间来练习该技能。
2. 在水中面对池壁抬起双脚，把它们放在池壁上，并以仰卧姿势蹬出去。

执行

1. 开始使用在之前练习过的相同节奏打腿；您应该以非常缓慢的速度在水中被推动前进。
2. 保持流线型姿势。

错误

可以产生有效的摆动，但没有前进。

修正

请记住，由髋部发起打腿。首先向下推髋部，然后膝盖，最后双脚。同时，上身应保持相同的姿势。

错误

在打腿过程中，双腿分开了。

修正

想象双腿是粘在一起的；膝盖并拢，尝试不要太用力打腿。让一切动作都流畅，并且像海豚一样。

海豚式打腿练习

一旦掌握了基本的动作，就可以继续练习技术。很多泳手在开始时动作僵硬，打腿节奏很机械；然而，他们通过练习之后可以培养出更顺畅、更有推进力的打腿。这里有一些练习可以帮助您掌握这种技能。

海豚式打腿练习1　垂直打腿

在海豚式打腿实现推进后，就要练习向上和向下打腿。该练习可以帮助您培养对称的打腿。在深度足以浸过头部的水中，开始踩水，让头部露出水面，并使用交替式打腿。一旦感到舒服，就切换到海豚式打腿。

目标是在水中保持位置不变，不需要太多地用到双手。如果向一个方向更用力地打腿，就会在游泳池中四处漂动。因此，保持位置不变，就意味着要用双腿的正面和背面都向水施加压力。您双脚的上面和下面都应感受到最大的压力，因为它们是结束打腿的身体部位。

增加难度

- 完全不用双手帮助平衡。
- 把双手放在头顶上。
- 笔直举起双手，摆出流线型姿势。

降低难度

- 使用脚蹼。
- 使用浮板。

检查结果

- 不使用脚蹼也可以进行该练习。
- 在双脚的上面和下面可以感受到压力。
- 在进行垂直打腿时可以保持位置不变。
- 感觉到身体被略微抬出水面。

自我评分

1分：可以使用脚蹼进行该练习。

3分：不使用脚蹼时可以进行该练习20秒。

5分：不使用脚蹼时，可以进行该练习超过25秒。

　　一旦在下半身感到一种有效的推进力，就是时候开始练习在水平方向打腿，而不是垂直方向施加这种力量。

海豚式打腿练习2　仰卧打腿

　　该练习可以帮助您继续培养对称的打腿。现在您感觉到对水的压力，就是时候通过在水中移动来确保它是推进性压力。有效的海豚式打腿练习的下一个部分是，使用在第1章中描述的仰卧中立姿势，双手放在身体两侧帮助平衡。

　　开始海豚式打腿时，要特别注重对双脚底部的压力。正如仰泳的交替式打腿那样，膝盖保持在水下；不只是用双脚的正面"推"水。有些泳手认为想着卷曲脚趾，以便在脚踝放松的同时感受到双脚拉伸的感觉，这种方法是有效的。

　　重要提示！在这个练习中，您将无法看到自己的前进方向。请确保仰泳标志旗在正确的位置（离池壁15码），或请教练或训练员在必要的时候提醒您停住！

增加难度

- 将浮板放在腿的上半部分，以防止大腿露出水面。
- 双臂举过头顶，并以流线型姿势进行练习。

降低难度

- 使用两块浮板（每只手拿一块）以帮助平衡。
- 同时使用轻微的划水动作，以提供一点推进力。
- 使用脚蹼。

（续）

海豚式打腿练习2（续）

检查结果

- 使用双手帮助平衡，可以仰卧打腿 25码。
- 可以用仰卧流线型姿势前进25码。

自我评分

1分：可以前进10码。

3分：可以前进25码。

5分：可以用15次或更多次的蹬腿前进25码。

7分：可以用不到15次蹬腿前进25码。

海豚式打腿练习3 俯卧打腿

　　建立有效的海豚式打腿的下一个练习涉及从中立姿势的仰卧打腿转换为俯卧打腿。在结束打腿时脚踝并拢，并绷直脚趾。做这个练习时，先将双手放在身体两侧保持平衡，然后切换到流线型姿势。重复同样的动作，直到自己觉得熟练掌握。

增加难度

- 保持流线型姿势。

降低难度

- 使用浮板，将它伸出放在前面，或者甚至趴在它上面。
- 同时使用轻微的划水动作，以提供一点推进力。
- 使用脚蹼。

检查结果

- 使用浮板和脚蹼，可以俯卧打腿25码。
- 使用浮板，不使用脚蹼，可以俯卧打腿 25码。
- 不使用浮板和脚蹼，可以轻松地俯卧打腿25码。

自我评分

1分：可以前进10码。

3分：可以前进25码。

5分：可以用不到30秒前进25码。

7分：可以用不到60秒前进50码。

蝶泳划臂

　　自创立以来，蝶泳划臂技术（图6.6）就有许多种教学方式。在早些年，许多导师主张双手向外扫水，并以锁孔的方式运动。后来的变化包括向内扫水，并完成类似数字8的线路。现代蝶泳更偏向于直线的划水，让垂直于前进方向的手臂区域面积最大。

图6.6　蝶泳划臂

准备

1. 在泳池的一端，脸朝下用中立姿势趴在水中。
2. 双手应该与肩同宽或略宽，这取决于您入水和起始划臂的位置。

执行

1. 弯曲手腕，手指向下指向池底。
2. 在这样做的时候，手肘向外旋转并弯曲，以创造良好的抱水姿势，并让双手和前臂的大部分表面接近垂直，近而垂直于自己的目标前进方向。
3. 直线向后划水，双手的倾角改变，让它们在划臂过程中更长时间地保持垂直。
4. 双手加速至行程结束，完成划臂。

蝶泳手臂动作的练习

在观察优秀的蝶泳手时，可以看到复位，但真正的奇妙之处发生在水下。那是手、肘、前臂和肩部的姿势真正发挥作用的地方。当进行以下练习时，请记住，不是向下推，而是向前拉。

蝶泳手臂动作练习1　压池壁

该练习教您在划臂过程中的正确抱水和拉水。在水深浸过头部的泳池中进行该练习。双手放在泳池边的地面上，至少与肩同宽，浸到水中，直到双臂完全伸直。在达到这个位置后，对双手施加压力，把自己拉向水面。一旦到达水面，继续动作，直到身体有一半出水，并且手臂伸展到臀部。重复此练习，直到可以闭着眼睛完成它。

增加难度

- 在池底开始，手臂向上伸展，在它们出水后，将双手放在泳池边的地面上。

降低难度

- 使用脚蹼提供额外的浮力。
- 在浅水区开始，蹬池底，以获得额外的浮力。

检查结果

- 可以在没有辅助的情况下一路撑上去。
- 可以从池底开始，将双手放在池边的地面上，并一路撑上去。

自我评分

1分：可以在浅水中进行该练习。

3分：可以在深水中使用脚蹼进行该练习。

5分：可以在深水中不使用脚蹼进行该练习5次。

7分：可以从深水的池底进行该练习5次或以上。

蝶泳手臂动作练习2　潜行的手

该练习可以让自己只专注于抱水和划水。开始时脸朝下以中立姿势趴在水面，双腿并拢，双臂伸过头。将每个动作分解为独立的运动，如，手指向下倾斜，肘部向上旋转，推过去，结束时双手经过臀部。在整个动作过程中，双手加速。

在完成动作时，双手在大腿处，而且您正在向前移动。现在，双手沿着身体快速潜行回到上方，保持肘部向内，直到回到最初的姿势，然后重复。这与蛙泳划出非常相似。

增加难度

- 在熟悉这个练习后，在将双手向后移动前增加一次海豚式打腿，双手完成划水到达大腿处之后再增加一次海豚式打腿。

降低难度

- 使用呼吸管，让脸可以保持在水中。
- 在每个周期后停止，然后复位。

检查结果

- 可以感受到水对手和前臂的压力。
- 使用最多9次划水，可以轻松地俯卧前进25码。

自我评分

1分：可以前进10码。

3分：可以前进25码。

5分：可以用10次或更多次的划水前进25码。

7分：可以用不到10次划水加打腿前进25码。

蝶泳手臂复位

许多泳手觉得，如果没有正确地进行划水，手臂复位（图6.7）会很难。如果双手在划臂过程中加速，并且在臀部或比臀部略宽的位置结束，手臂在水面上复位是很容易的。其原因是，划臂的动量会将双手带出水，这意味着需要较少的力量来将手臂和手带回向前的姿势。

关键是要快速完成划臂，使双手与水面平行，让它们顺利地离开水，小指先出水。如果在加速中结束划臂，手臂的向前移动就需要较少的力量。该动作应该用相同的姿势完成：小指向上，拇指向下，前臂和上臂平行于水面。双手如何入水的具体细节只是一个风格问题。有些泳手用拇指先入水，而另一些则在入水前旋转手腕。无论哪种风格，都必须确保手指向下，详见抱水和划水阶段中的描述。因此，如果用拇指先入水的方式，就要确保旋转手指和手必须垂直于自己的行进方向。

图6.7 蝶泳手臂复位

a

b

c

准备

1. 如前面的技能和练习说明，俯卧在水面上，双手与肩同宽或略宽。
2. 确保泳道中有足够的空间可以进行该技能。

执行

1. 如在之前压池壁的练习中所述，向前划水。
2. 请特别注意在划水的阶段中双手要加速。
3. 双手扫过大腿，并让它们突破水面，好像将它们向前扔那样。
4. 当双手离开水时，小指应该向上，大拇指向下，从而干净利落地摆脱水。
5. 如果在加速中结束划臂，手臂的向前移动就需要较少的力量；该动作应该用相同的姿势完成。
6. 进行入水时，应将双手放在水上，而不是将它们拍打到水中。
7. 双手在入水时应该与肩同宽或稍宽一点。

蝶泳手臂复位练习

复位的最重要部分是在划臂结束时双手要加速。如果用很大的力量去完成这个动作，手和手臂几乎就是自己复位的。如果您觉得自己很难让手出水，就要检查姿势并进行以下练习。

蝶泳手臂复位练习1　海豚式潜水

这个经典的练习可以帮助您习惯起伏动作，并在您调节水面上方的复位时提供浮力支持。在进行该练习时，站在齐腰深的水中，双手放在身体两侧，然后弯腰，让胸部进入水中，但肩膀露出水面。在您看着前方8～10英寸（20～25厘米）的一个点时，下巴应该碰到水。

接下来，旋转双手（让小指向上，大拇指向下），向前扫水；在接近开始动作时，把脸浸在水中。现在，双手放在水中，在肩膀前面或稍宽于肩宽。蹬池底，将自己向前推，并在将胸部和臀部向下推向池底时，伸展身体，露出水面。这与前面描述的打腿动作是相同的。向前拉动身体，当手到达臀部时，停止并站起来。重复这个练习会导致起伏运动，可以作为划臂的基础，并让您有时间分解划臂的复位部分。

增加难度

- 缩短重复之间的时间。

降低难度

- 使用呼吸管，让脸可以保持在水中。
- 在每个周期后停止，并复位。
- 使用脚蹼。

检查结果

- 可以感受到起伏的节奏。
- 在复位时，双臂保持平行于水面。
- 可以前进25码，并且每个周期之间短暂停顿或没有停顿。

自我评分

1分：可以前进10码。

3分：可以前进25码。

5分：可以用10次或更多次的划水前进25码。

7分：可以用不到10次划水加打腿前进25码。

蝶泳手臂复位练习2 **手臂扫水**

该练习结合了打腿和划水动作，但没有在水面上方复位。就像在"潜行的手"练习中那样，要练习该泳姿的所有元素，但在结束划臂时，要将双手和双臂向前向外扫水到两侧，在水面附近，但仍然在水面以下。

开始时，双手和双臂向前伸出，以中立姿势趴在水面上。做一次海豚式打腿，向上和向下，同时进行一次抱水和划水。在结束划水时，双手和双臂以半圆形运动向外扫水，并且双臂伸直。双臂掠过水面是没问题的。当双手到达前面时，停下并站起来，复位划臂。在进行这个练习时，手臂保持伸直，并且在水中以拇指先行。这种技巧有助于保持正确的身体姿势，使身体不会过于垂直。

增加难度

- 熟悉这个练习后，在将双手向后移动前增加一次海豚式打腿，双手完成划水到达大腿处之后再增加一次海豚式打腿。
- 通过在前面的划水动作呼吸，而不是停下并触到池底时呼吸。

降低难度

- 使用呼吸管，让脸可以保持在水中。
- 在每个周期后停止，并复位。
- 使用脚蹼。

检查结果

- 可以感受到起伏的节奏。
- 在复位时，双臂在水中保持伸直。
- 可以前进25码，并且每个周期之间很少或没有停顿。

自我评分

1分：可以前进10码。

3分：可以前进25码。

5分：可以用10次或更多次的划水前进25码。

7分：可以用不到10次划水加打腿前进25码。

呼 吸

呼吸的时机对于良好的蝶泳来说是一个关键因素。像蛙泳那样，在蝶泳划臂周期中的呼吸时机错误不仅会减慢划臂，还会增加疲劳的速度。然而，在蛙泳中，错误的呼吸时机主要导制减慢速度，但在蝶泳中，错误的呼吸时机会让人筋疲力尽，最终被迫停下来。

　　为了学习何时呼吸，如何通过适当的技术来呼吸，可以使用一些简单的心理暗示和练习（图6.8）。第一个心理暗示针对在换气时要上升出水多高。上升得过高会降低动力和起伏。作为一种矫正手段，想着将下巴向前推，而不是抬起头。

　　下一个关注点是呼吸的时机。很多泳手的呼吸比较晚。为了避免这一隐患，在开始划水时发起下巴向前送的动作，并快速吸气。呼吸的频率取决于泳手的个人需求和发展。传统观点建议每隔一次划臂呼吸一次，并将脸留在水中，而不是每次划臂都换气。然而，有几位奥运选手选择了每次划臂都换气，或一次换气两次划臂的模式，很明显，蝶泳手应按自己需要的频率换气，但不要太频繁。

图6.8　**蝶泳呼吸**

准备

1. 复习前面对划臂、复位和姿势的技能讨论。
2. 在泳池的一端开始，并确保有足够的空间来练习此技能。

执行

1. 在开始向后划水时（如先前所描述的技能，手指向下，手肘向上），把下巴微微向前送。
2. 姿势的改变和压向胸部的水流让嘴和鼻子可以刚好在水面，以获得空气。
3. 脸在水中的时候呼气，以便脸出水时可以快速吸气。
4. 当双手出水复位时确保脸要回到水中。

错误

很多泳手抬起头，然后重新低下头，仿佛在点头或咬苹果。这里的问题是，当头抬起来时，臀部会下沉。

修正

切记不要抬起头，而是下巴向前送。压向胸部的水流会提供一些浮力。

错误

呼吸得太迟，臀部下沉。

修正

在开始划水时就要启动呼吸。在手臂复位时，脸应该回到水中。如果您看到自己的双手，就已经太迟了。

蝶泳呼吸练习　海豚式潜水加潜行呼吸

该练习涉及趴在水中，进行一次抱水和划水，以及来自第一个练习的打腿动作。在开始划水时，把下巴向前送，以获得空气。双手还在大腿处时，让脸回到水中，双手从身体下方潜行到前面。

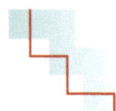

增加难度

- 加快节奏。

降低难度

- 使用脚蹼。
- 在每个周期后停止，然后复位。

检查结果

- 在双手向前移动之前让脸回到水中。
- 向前拉，而不是向下压，以获得空气。
- 使用最多9次划水，可以轻松地俯卧前进25码。

自我评分

1分：可以前进10码。

3分：可以前进25码。

5分：可以用10次或更多次的划水前进25码。

7分：可以用不到10次划水加打腿前进25码。

时机和节奏

时机在蛙泳和蝶泳中都很关键，在蝶泳中尤其如此；如果时机不对，就会游得慢，体力消耗得快。以下是对蝶泳动作的简要回顾（之前在这一章开篇时已讨论过）。

从中立姿势开始，在向下打腿时，把胸部向下压，把臀部向上推，然后在向上打腿时，把臀部向下压，把胸部向上推。手指朝下，手肘朝上，同时将下巴向前送。划水，并加快双手，同时上来吸气。向外翻转双手和手臂，往下经过臀部，并在臀部位置扫水，同时脸回到水中，再次向下打腿。

时机和节奏练习

以下是几个强调时机的简单练习。

时机和节奏练习1 1-2-3-4-5蝶泳

该练习分解各个推进动作。进行在蝶泳节奏总结中描述的每一个独立动作，各个动作之间等待一两秒。在较熟悉这些动作和时间时，减少等待时间，直到可以游完整的蝶泳。如果有必要，每次划臂都呼吸一次，如果可能，降低呼吸的频率。

进行练习时，脸朝下，以中立姿势俯卧在水中，双手放在前面。然后，按练习名称（1-2-3-4-5蝶泳）中所指的顺序实施五个要素：（1）向下压胸部；（2）向下压臀部；向上推胸部；（3）手指向下倾斜；（4）划水；（5）复位。这里的想法是，减慢运动，以分解和区分各个动作。当熟悉该节奏时，可以加快。

增加难度

- 加快节奏。

降低难度

- 使用脚蹼。
- 在每个周期后停止，然后复位。
- 使用呼吸管。

（续）

时机和节奏练习1（续）

检查结果

- 在双手向前移动之前，让脸回到水中。
- 向前拉，而不是向下压，以获得空气。
- 使用最多10次划水，可以轻松地俯卧前进25码。
- 不需要脚蹼。
- 可以马上建立一种呼吸模式。

自我评分

1分：可以前进10码。

3分：可以前进25码。

5分：可以用10次或更多次的划水前进25码。

7分：可以用最多9次划水前进25码。

时机和节奏练习2　每次划臂四次打腿

　　该练习旨在帮助您优化双手的入水，并且让身体在水中保持良好的直线。为此，每四次海豚式打腿就进行一次划水。这种技术将分离入水的手形和入水后的手形。将手放入水中，在自己的正前方，将双臂伸直过头，就像超人飞行的姿势。进行四次海豚式打腿，以继续前进，并在必要时调整双手和手臂。

　　如果发现自己不得不抬起头，则双手向上调整，恢复伸展的姿势，这是因为您的上半身太用力划臂了。相反，想着要将手放在水面，并让腋窝接触水面。请记住，只在划臂的开始部分呼吸。

增加难度

- 加快节奏。

降低难度

- 使用脚蹼。
- 在每个周期后停止，然后复位。
- 使用呼吸管。

检查结果

- 在双手向前移动之前，让脸回到水中。
- 向前拉，而不是向下压，以获得空气。
- 使用最多10次划水，可以轻松地俯卧前进25码。
- 不需要脚蹼。
- 可以马上建立一种呼吸模式。

自我评分

1分：可以前进10码。

3分：可以前进25码。

5分：可以用10次或更多次的划水前进25码。

7分：可以用最多9次划水前进25码。

时机和节奏练习 3：3-3-3

该练习有几种版本。其中最有效的方法如下：只用右臂做3次划臂，左臂向前伸出；只用左臂做3次划臂，右臂向前伸出；然后，双臂一起游三下完整的泳姿。练习的时机是关键。

不同于自由泳的单臂练习，这个练习需要保持水平；也就是说，髋部必须保持水平，而不是从一侧旋转到另一侧。用伸展的手臂（非划水臂）帮助平衡。此外，呼吸时一定要向着前面，而不是像自由泳那样在侧面呼吸。

增加难度

- 提高速度。
- 每次划臂都呼吸。

降低难度

- 使用脚蹼防止停滞的感觉，并分离抱水和划水，以及呼吸的时机。确保脸回到水中，然后再启动抱水。
- 使用呼吸管。

检查结果

- 可以在水上保持得更加水平。
- 可以用单臂完成该练习，没有扭身。
- 可以毫不困难地完成3次完整的划臂。

自我评分

1分：可以使用脚蹼进行该练习。

2分：可以使用脚蹼进行该练习，并且在脸回到水中之前，双手就在前面。

3分：可以进行该练习，完成几次划臂。

4分：可以进行该练习，前进25码。

5 ~ 10分：可以进行该练习，完成至少30码（5分），可能甚至完成50码（10分）。

时机和节奏练习4 3上3下

该练习包括蛙泳和蝶泳。在进行练习时，只需3次蛙泳划臂，然后3次蝶泳划臂。关键是要保持两种泳姿的节奏和起伏特征。该练习的一个变化是，在蛙泳部分进行蛙泳划水和海豚式打腿；另一个变化是，只在蛙泳部分呼吸。该练习可以让您把注意力集中在划臂的节奏方面。

增加难度

- 提高速度。
- 只在蛙泳部分呼吸。

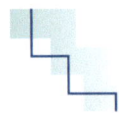

降低难度

- 使用脚蹼防止停滞的感觉，并分离抱水和划水，以及呼吸的时机。确保脸回到水中，然后再启动抱水。
- 使用呼吸管。

检查结果

- 可以从蛙泳不假思索地成功转换到蝶泳姿势。
- 可以在两种泳姿中都保持起伏。
- 双手在两侧都可以加速。

自我评分

1分：可以使用脚蹼进行该练习。

2分：可以使用脚蹼进行划水，并且在两种泳姿中，都可以在脸回到水中之前，双手就开始划臂。

3分：可以进行该练习，完成几次划臂。

4分：可以正确进行该练习，前进25码。

5～10分：可以正确进行该练习，完成至少25码（5分），甚至可能完成50码（10分）。

成功摘要

像蛙泳那样，蝶泳是很有节奏的。如果从教练的角度来观察，或在视频上观察它，就很难判断泳姿的流畅性和效率。本章所述的技能和练习讲解了蝶泳的基本要素，普遍认为蝶泳是最难掌握的泳姿。为此，要有耐心，不要跳过任何部分的技能；您需要掌握每一种技能，才可以最终将它们组合在一起。

自我评分

如果您得到至少40分，那么您就已经完成了这一章。如果您得到60至74分，那么您进展得不错，并有可能进一步完善优化自己的泳姿。如果您的得分超过75分，那么您已经掌握了将自己的游泳技术发展到更高水平的关键要素。

海豚式打腿练习

1. 垂直打腿   ____ 总分5分
2. 仰卧打腿   ____ 总分7分
3. 俯卧打腿   ____ 总分7分

蝶泳手臂动作练习

1. 压池壁   ____ 总分7分
2. 潜行的手   ____ 总分7分

蝶泳手臂复位练习

1. 海豚式潜水   ____ 总分7分
2. 手臂扫水   ____ 总分7分

蝶泳呼吸练习

海豚式潜水加潜行呼吸   ____ 总分7分

时机和节奏练习

1. 1-2-3-4-5蝶泳   ____ 总分7分
2. 每次划臂四次打腿   ____ 总分7分
3. 3-3-3   ____ 总分10分
4. 3上3下   ____ 总分10分

总计   ____ **总分88分**

第7章 转身

在竞赛和休闲锻炼的泳池中游泳时，您都需要有效的转身。在竞赛中，在改变方向时，有效的转身可以节省比赛用时。对于休闲和健身的泳手来说，有效的转身可以最优化锻炼时效，并提高在水中的能力。不论是何种类型，每一次转身都包括四个关键元素：

1. 游近池壁；
2. 交换；
3. 流线型；
4. 出水。

游近池壁涉及到何地、何时，以及如何为转身做准备。交换是将动量从一个方向转移到相反方向的点。流线型姿态是在蹬离池壁时做的，而出水是从流线型转移为游泳姿势的过渡。在这一章中，您将学习如何完成适用于休闲游泳的最基本的转身技术，以及在竞技游泳中最先进的转身和过渡技术。

开放式转身

最基本且有效的转身是开放式转身。它在早期的自由泳比赛和仰泳比赛中使用，并且受到休闲泳手的喜爱。在这种转身中，游近池壁（图7.1）是俯卧式动作。在比赛池中，可以通过在池底的标志来衡量判断。具体来说，每条泳道的中心线在接近池壁的位置都有一个T形，为参赛的游泳选手提供一个目标。当在没有这种标记的泳池中游泳时，可以将头抬出水面，很快地看一眼，以判断距离。许多泳池也有一个溢出排水沟系统，或者一个较低的突缘，让您可以用双手抓住池壁。

图7.1 开放式转身阶段1：游近池壁和交接

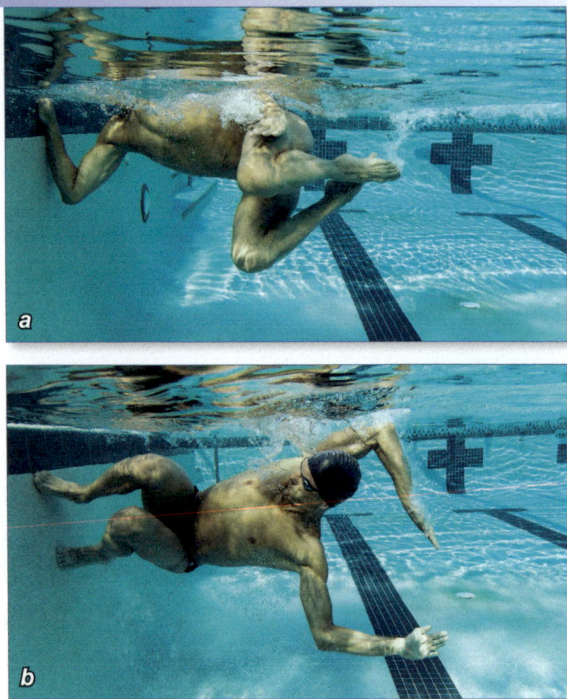

准备

在游近池壁时，进行最后一次划臂，一只手留在大腿处（指向与池壁相反的方向），另一只手臂伸向池壁，并旋转到侧身姿势。

执行

1. 当动量将您带到池壁时，抓住池壁（或用手推开它），同时将膝盖提向胸部。

2. 在交换过程中，旋转身体。在离开池壁时，双脚在池壁上，大约与肩同宽。

3. 跟随臂仍然应该在水下，指向泳池下方。

4. 刚刚离开池壁的手臂应该伸过头，与在水中的另一只手相遇，同时，您仍然保持侧身姿势。

5. 此时，双脚应放在池壁上，膝盖弯曲，大约呈90度，双手一起伸过头，成流线型姿势，指向泳池下方。

错误

在到达池壁之前就停了下来，或者脸非常接近池壁，或手臂打到池壁。

修正

划臂多一次，或少一次，以调整距离。

转身的下一个阶段包括蹬离池壁和流线型（图7.2），这是游得好的一个重要因素。其实，与出发或潜水不同，这是在没有任何辅助的情况下，在水中移动得最快的形式。如第1章中所述，在这里应用力蹬离池壁；此外，因为是侧身姿势，需要在流线型中旋转到正确的位置。确保自己在水面以下，并平行于池底和水面。

这里的另一个关键在于，用头部位置控制流线型的深度。如果一直收下巴和低头，就可以保持恒定的深度。如果您抬起头或向前送下巴，就会向着水面上升。试验几次，看看流线型应保持多长时间可以获得最好的效果。

图7.2　开放式转身阶段2：蹬离池壁和流线型

准备

1. 完成了游近池壁，并将双脚放在池壁上之后，就是时候进行交换了。
2. 在进行转身的其余部分前最后一次换气。
3. 仍然保持侧身姿势，刚刚离开池壁的手伸过头，与在水中的另一只手汇合。

执行

1. 确保双手相触；身体下沉到与双脚同一水平线。
2. 推力对于获得良好的流线型至关重要，因此要有力地蹬离池壁。
3. 只要蹬离池壁，马上开始有节奏地打腿；不要等到速度慢下来。

错误

没有在水下蹬离池壁。

修正

在手离开池壁时，将它伸过头，与在水中的另一只手汇合。延迟至下沉到与双脚同一水平线时才蹬池壁。

转身的最后一部分是出水（图7.3），这是从流线型姿势向游泳姿势的过渡。在自由泳中，只需将下巴向前送。请注意，您不一定要抬起头；而应该将下巴向前送，这会使您逐渐上升到水面。相反，抬头会让您身体变得更加垂直，并因此失去动量放慢速度。

图7.3 开放式转身阶段3：出水

准备
1. 完成前面所有的部分，然后用力蹬池壁。
2. 在蹬池壁时，确保自己是流线型的。
3. 开始像前面所述那样打腿。

执行
1. 下巴向前送。
2. 用力进行第一次划臂。
3. 头、肩和髋都应该在大约相同的时间出水。

错误
转身，面对自己想去的方向。

修正
如果是侧身姿势，您应该会面对着泳池的一侧，而不是向下看着泳道。确保自己是侧身姿势。

仰泳的开放式转身

即使是在比赛中也可以在仰泳中使用开放式转身（图7.4）。为了安全起见，应该只在配备了仰泳标志旗的游泳池中练习这一技术。如在仰泳那一步中所提到的，这些标志旗放在离泳池末端5码处。泳手要数着从标志旗到池壁的划臂次数，许多泳手大约需要三次划臂。

当以仰泳游近池壁时，像自由泳那样，旋转为侧身姿势。但旋转程度确保不要超过肩膀的垂直线；也就是说，略保持仰卧姿势。交换与自由泳是一样的，并且流线型的部分也是类似的，但要以略微仰卧的姿势蹬离池壁。流线型的部分要脸朝上，而出水部分与之前是相同的，但这一次当然是过渡为仰泳。

图7.4 仰泳的开放式转身

准备

1. 当以仰泳游近池壁时，旋转为侧身姿势。但旋转程度不要超过肩膀的垂直线；而是略保持仰卧姿势。
2. 以略微仰卧的姿势蹬离池壁。
3. 流线型的部分要脸朝上。

执行

1. 许多仰泳手受益于使用有力的水下海豚式打腿来保持动量。
2. 因为采用仰卧姿势，使用鼻夹或用鼻子慢慢地呼气都会有帮助。
3. 下巴触到胸部；下巴可以帮助您身体上升到水面。
4. 在露出水面时轻微旋转先划水的手臂。
5. 在过渡到交替打腿时，先非常用力地划臂几次。

错误

蹬离池壁便立即到了池底或水面。

修正

确保双脚放稳，并与臀部和肩膀线呈一直线，从而在正确的方向产生有力的推动。

错误

在水面上蹬池壁，没有浸没在水下。

修正

当双脚在池壁上的时候，要有耐心。随着手臂越过，在侧身或仰卧时呼气，以便在蹬池壁前沉下去。

开放式转身练习

开放式转身是首先要学习的一种很好的转身方式，因为健身泳手经常会用到它。此外，直到20世纪60年代，长距离游泳选手在比赛中也会使用它，以便在转身过程中获得更多的氧气。下面的练习将帮助您掌握转身的要素。

开放式转身练习1　游近池壁

为了进行该练习，进入大约3到4英尺（约1米）深的水中。让自己站在离池壁两三码远的地方，首先蹬池底，形成流线型姿势。进行一次自由泳划臂，旋转到非划臂侧，并将手伸向池壁。让动量带着您前进，并密切注意泳池的标记。抓住排水沟或突缘，把自己稍微拉向前。两侧都试一下——您会发现其中一侧比另一侧更舒服、更容易。按需要调整与池壁之间的距离。

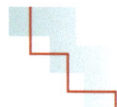

增加难度

● 从离池壁更远的地方开始，在触壁并抓住池边之前多次划臂。

降低难度

● 从离池壁更近的地方开始，只是蹬池底并侧身滑行，而不划臂。

检查结果

- 侧身漂在水中，一只手伸出来，另一只手放在身体旁边。
- 上面的肩膀和髋部在水面。
- 头部靠在伸出的手臂上。

自我评分

1分：可以只使用蹬池底进行该练习。

3分：可以用一次划臂进行该练习。

5分：可以从离池壁更远的地方进行该练习，并多次划臂。

开放式转身练习2　交换

　　掌握了上面的练习后，就是时候练习交换了。站在3～4英尺（约1米）深的水中，距离池壁大约一臂的长度。如果泳池的设计允许，用任意一只手抓住排水沟，并侧身，让身体的侧面，而不是正面对着池壁。如果不能抓住排水沟，可以抓住突缘和池边的地面。另一只手臂在水下沿泳池的长边方向伸直。将膝盖带向胸部，旋转双脚，放在水下2至3英尺（0.6～0.9米）的池壁上。现在，您侧身并屈体，双脚在池壁上，一只手臂沿泳池的长边方向伸直。下沉并双手并拢，在水下保持侧身。不要蹬池壁；这里的想法是要熟悉正确的姿势，实现有效的推动。

增加难度

- 确保在双脚触壁之前，双手就离开了池壁，然后保持这个姿势3～5秒。
- 笔直举起双手，摆出流线型姿势。

降低难度

- 保持一只手抓住池壁。

检查结果

- 可以进行该练习，不会漂离池壁。
- 在下沉时，双脚、髋部和肩部都在水中的同一水平线上。
- 腰部以上保持流线型姿势。

自我评分

1分：可以用一只手保持自己靠在池壁上进行该练习。

3分：可以不用手抓着池壁来进行该练习。

5分：可以进行该练习，并保持姿势3~5秒。

　　掌握了这个练习后，就是时候练习流线型和蹬池壁了。

开放式转身练习3 　侧身转俯卧的流线型

　　该练习分三个阶段进行。在第一个阶段中，以流线型姿势蹬离池壁，低头，以控制深度。关键是要用力蹬离池壁，并前进得尽可能远。找到游泳池中的标志，或使用其他方式来确定每次上来的位置。这个阶段仅仅是蹬离池壁和保持流线型——没有打腿或其他动作。在第二个阶段中，滑行得尽可能远。在第三个阶段中，在滑行时从侧身旋转到俯卧，并只使用身体控制。因为在开放式转身中使用侧身姿势，多次练习从侧身旋转到俯卧。针对仰泳做相同的练习（旋转到仰卧）。

增加难度

- 将该练习与游近池壁和交换的练习相结合。

降低难度

- 只需用自己喜欢的任何方式下沉，然后呈流线型姿势，并蹬池壁。

检查结果

- 在蹬池壁前已形成流线型姿势。
- 在浮出水面之前可以至少到达标志旗的位置（也就是说，5码），身体没有动作。

自我评分

1分：可以前进5码。

3分：可以前进7码。

5分：可以前进10码。

7分：可以前进12码。

开放式转身练习4 　1-2-3流线型

　　该练习也分三个阶段进行。第一阶段是蹬池壁，第二个阶段是打腿。这些阶段有密切的联系；在进入打腿节奏之前，应该只有很少或根本没有滑行。第三个阶段是，下巴向前送，以发起出水动作。这三个要素共同构成了必须在良好的时机运用的一个单独技能。使用试错法来确定要进行多少次打腿，以及何时浮出水面。以俯卧和仰卧姿势进行该练习，使用交替打腿和海豚式打腿。

增加难度

- 将该练习与游近池壁和交换的练习相结合。

降低难度

- 只需用自己喜欢的任何方式下沉，然后呈流线型姿势，然后蹬池壁并打腿。

检查结果

- 在蹬池壁前已形成流线型姿势。
- 在浮出水面之前，可以至少前进到标志旗
  或5码的位置。
- 使用交替打腿和海豚式打腿都可以进行该
  练习。

自我评分

1分：可以前进5码。

3分：可以前进7码。

5分：可以前进10码。

7分：可以前进12码。

开放式转身练习5　三次划臂旋转

　　该练习的目的是要保持蹬离池壁所产生的动量。在完成上面列出的练习并掌握它们之后，是时候完成转身了，这意味着要从流线型过渡到游泳动作。进行该练习时，蹬离池壁并进入有节奏的打腿，然后将下巴向前送，以上升到水面，并快速划臂三次——几乎就像旋转手臂那样。很多泳手在出水时会失去动量，要保持尽可能快的速度，这是很重要的。以不同流线型时间长度进行该练习。在三次划臂后停下。可以使用交替打腿和海豚式打腿来尝试自由泳和仰泳转身。

增加难度

- 在第一次呼吸之前再划臂三次。

降低难度

- 缩短流线型的时间，并更早出水换气。

检查结果

- 在蹬池壁前已形成流线型姿势。
- 在浮出水面之前可以至少到达标志旗的位置，
  即5码。
- 使用交替打腿和海豚式打腿都可进行该练习。
- 可以用三次划臂游到泳池的中部，即12.5码。

自我评分

1分：可以前进5码。

3分：可以前进7码。

5分：可以前进10码。

7分：可以前进12码。

双手触壁转身

　　双手触壁转身是在竞技和休闲游泳中用于蛙泳和蝶泳的一种转身。在进行这种转身时，以俯卧姿势游近池壁（图7.5），在竞赛池中，可以利用池底的标志来判断。具体来说，每

条泳道的中心线在接近池壁的位置都有一个T形，为参赛的游泳选手提供一个目标。由于蛙泳和蝶泳都是向前看的泳姿，您也可以很容易地瞄到自己与池壁的距离。许多泳池也有一个溢出排水沟系统，或者一个较低的突缘，让您可以用双手抓住池壁。此技术可缩短长度，并因而减少阻力，使双脚可以上来贴着池壁进行交换。

图7.5 双手触壁转身：游近池壁

准备

1. 当游近池壁时，进行最后一次划臂，并用双手伸向池壁。
2. 伸向池壁而不是再做一次短的划臂。

执行

1. 当动量将您带到池壁时，抓住池壁（或用双手推开它）。
2. 将膝盖提向胸部。
3. 双脚转向池壁。

错误

在到达池壁之前就停了下来，或者最后脸非常接近池壁，或手臂打到池壁。

修正

划臂多一次，或少一次，以调整距离。

错误

因为太接近而不得不只完成一半的划臂。

修正

转身时长比短好。根据现行规则，在蛙泳比赛中，阻力会增加，并减慢您的速度，并且在划水后也必须有一下蹬腿。这可能导致被取消资格，所以最好是滑行到池壁。

在交换（图7.6）过程中，身体旋转，一只手臂向后拉，朝着泳池的另一端，然后伸长手臂。这个动作将导致身体从胸部向下过渡到侧身姿势。就像在开放式转身中那样，当双脚转向池壁时，另一只手伸过头，与水下的第一只手汇合，以完成这一部分的转身。

图7.6　**双手触壁转身：交换**

准备

按上述说明游近池壁。

执行

1. 在身体旋转后，一只手臂向后拉，朝着泳池的另一端，然后伸长手臂。
2. 就像在开放式转身中那样，当双脚转向池壁时，另一只手伸过头，与水下的第一只手汇合。
3. 双手在水下触壁前，一定要完成最后一次吸气。

错误

转身，面对自己想去的方向。

修正

脸转向天花板或天空，以获得多一点空气，并确保自己没有在池壁上扭转身体。在蹬池壁时，确保自己是侧身姿势。

转身的下一个阶段包括蹬离池壁和呈流线型姿势（图7.7）。如第1章中所述，在这里应用力蹬离池壁；此外，因为是侧身姿势，需要在流线型姿势中旋转到正确的位置。和前面一样，用头部位置控制流线型姿势的深度。

图7.7 双手触壁转身：蹬离池壁和流线型

准备

1. 完成前面的两个技能。
2. 摆出侧身的近流线型姿势，双脚放在池壁上。

执行

1. 确保双手相触；身体下沉到与双脚同一水平线。
2. 蹬池壁是进入良好的流线型姿势的关键。所以要用力蹬池壁。
3. 在呈流线型姿势的过程中旋转到正确的位置。
4. 只要蹬离池壁，马上开始有节奏地打腿；不要等到速度慢下来。

错误

在池壁上旋转，并且脸朝下。

修正

提起膝盖，同时只是稍微扭转身体，使自己在准备蹬池壁时是侧身姿势。

转身的最后一部分是出水（图7.8），在这一部分中从流线型姿势过渡为游泳姿势。对于蝶泳和蛙泳，第一个动作就是打腿，所以您需要靠近水面。为此，只需将下巴向前送。请注意，您不一定要抬起头；而应该将下巴向前送，这会导致您逐渐上升到水面。在所有这些出水动作中，都要确保身体位置既不太浅，也不太深。

图7.8 双手触壁转身：出水

准备

以流线型姿势蹬池壁。

执行

1. 靠近水面，并将下巴向前送。
2. 在露出水面时用力进行第一次划臂。
3. 离开池壁后立即启动海豚式打腿，双手向外扫直到出水时的抱水位置。

错误

出发的位置过深，所以必须快速上升以获得空气。

修正

记住，用头部位置来控制身体在水中的深度。在将下巴向前送时，您将上升到水面。

双手触壁转身练习

分别专注于每一个动作，掌握它们，并形成高效的转身动作。关键是，快速触碰池壁和蹬离池壁，不要浪费能量。带着这个目标，转身技术最好的泳手会避免将其双脚和双手同时放在池壁上。在进行以下练习时要朝着这个目标努力。

双手触壁转身练习1 游近池壁

蛙泳和蝶泳都以良好的时机和节奏为基础，转身也同样。准备转身的其中一个练习方法是，要确保自己知道游近池壁时所在的位置。在进行该练习时，从离池壁5至10码处开始。蹬离池底，并开始朝池壁打腿，感受游近池壁的节奏。双手触壁，双手间的距离大约与肩同宽。

现在，再次尝试该练习，但这次要加一两次划臂。调整距离，直到能够很好地感觉到动量，以及相对于池壁的位置。优秀游泳运动员需要无数遍地做这个练习，以免在转身时的距离过短或过长。

增加难度
- 从离池壁更远的位置开始，测量相应的距离。

降低难度
- 从一次划臂的距离开始。

检查结果
- 使用流线型姿势并顺利地过渡到水面。
- 在浮出水面之前，可以用划出或海豚式打腿至少到达标志旗的位置，即5码处。
- 使用交替打腿和海豚式打腿都可以进行该练习。

自我评分
1分：可以前进7码。

3分：可以前进10码。

5分：在呈流线型姿势和出水后，用三次划臂可以前进15码。

7分：在呈流线型姿势和出水后，用三次划臂可以前进20码以上。

双手触壁转身练习2 "高–小–高"交换

该练习可以帮助您了解在双手触壁转身中如何交换动量。可以在10码外通过游蛙泳或者蝶泳进行该训练。在游近池壁时保持修长和高大的体形，同时密切关注池底的标记。双手触壁后，马上弯曲手肘，让动量将您带到池壁，同时将膝盖抬向胸部；让自己的体形尽可能小。在双脚触壁后，蹬离池壁，并形成绷紧的流线型姿势，让自己的体形再次伸展开来。

增加难度
- 从离池壁更远的位置开始，测量相应的距离。

降低难度
- 从一次划臂的距离开始。

检查结果

- 以流线型姿势触壁。
- 让双手和双脚在不同的时间触壁。
- 可以进行蹬离池壁，让这个动作和流线型姿势带您前进超过10码。

1分：触壁时完全伸展，但必须抓住排水沟或池边的地面才能将自己向前拉。

3分：触壁时完全伸展，并且能够将双腿放在池壁上，没有用双手抓住排水沟来将自己拉过去。

5分：可以完全伸展，旋转，让双脚和双手没有同时在池壁上，并在水下蹬离池壁。

7分：在交换后，只是蹬池壁就可以前进10码以上。

双手触壁转身练习3　手触壁加侧身转俯卧流线型

该练习分四个阶段进行。在开始之前，头、膝盖和脚趾向上。一只手臂在水中，指向游泳池的一端，另一只手臂在排水沟上。然后，放开在排水沟上的手，将它伸过头，与另一只手汇合，然后身体下沉。

第二个阶段是，以流线型姿势蹬离池壁，低着头，以控制深度。这里的关键是，要用力蹬离池壁，前进得尽可能远。找到游泳池中的标志，或使用其他方式来确定每次上来的位置。这仅仅是蹬离池壁和呈流线型姿势——没有打腿或其他动作。

在第三个阶段中要求滑行得尽可能远。在第四个阶段中，在滑行时从侧身旋转到俯卧，并只使用身体的控制，然后发起打腿。因为在转身中要使用侧身姿势，多次练习从侧身旋转到俯卧。

增加难度

- 结合该练习与游近池壁和交换的练习。

降低难度

- 只需用自己喜欢的任何方式让身体下沉到流线型姿势，并蹬池壁。

检查结果

- 在蹬池壁前已形成流线型姿势。
- 在浮出水面之前没有任何动作，可以至少到达标志旗的位置（也就是说，5码处）。
- 可以发起一次打腿，并通过接近水面而准备好出水。

自我评分

1分：可以前进5码。

3分：可以前进7码。

5分：可以前进10码。

7分：可以前进12码。

双手触壁转身练习4 两次划臂旋转出水

掌握了前面的练习后，是时候从流线型姿势过渡到游泳动作，完成转身。该练习的目的是为了保持蹬池壁所产生的动量。很多泳手在出水时会失去动量，所以保持尽可能快的速度是很重要的。

进行该练习时，蹬离池壁，进入蝶泳打腿节奏，或启动蛙泳蹬腿。然后，将下巴向前送，上升到水面，快速划臂两次。以不同流线型姿势的时间长度进行该练习，看看最舒适、高效的情况是什么，在两次划臂后停下。用蝶泳和蛙泳进行该练习。

增加难度

- 增加划臂次数。

降低难度

- 开始时只划臂一次。

检查结果

- 在蹬池壁前已形成流线型姿势。
- 在浮出水面之前，通过特定的打腿，可以至少到达标志旗的位置（也就是说，5码处）。
- 使用蝶泳和蛙泳都可以进行该练习。
- 可以用两次划臂游到泳池的中部，即12.5码。

自我评分

1分：可以前进5码。

3分：可以前进7码。

5分：可以前进10码。

7分：可以前进12码。

翻滚转身

翻滚转身（图7.9）最常用于自由泳和仰泳比赛，而且在休闲和健身泳手中也得到广泛的使用。虽然参赛选手最初都使用开放式转身，但翻滚转身已被证明会更快和更高效。

与其他两种转身一样，翻滚转身也包括四个关键要素。翻滚转身中的游近池壁不同于在其他两种转身中的游近池壁。交换要改变头和脚的姿势；事实上，在这一过程中，需要脸朝上向着水面，而许多人在这个姿势中会遇到水流入鼻子的情况。可以通过使用鼻夹，或在整个转身过程中鼻子缓慢呼气来防止这种问题发生。

翻滚转身中的流线型姿势和出水与开放式转身中的一样。仰泳则有点复杂，但动作是相同的。在游到仰泳标志旗下方后，划臂三次，旋转呈俯卧姿势，并进行与自由泳相同的转身。而流线型姿势部分是仰卧姿势，无需旋转呈俯卧姿势。

图 7.9 **翻滚转身**

准备

1. 从离池壁几码的位置开始，自由泳划臂几次。

2. 密切留意转身目标的标记（如果泳池有标记），它们在泳道末端的池底和池边。

3. 当接近池底标记的目标或T形标志时，最后一次划臂。如果没有转身目标，抬起头看池壁，判断距离。

4. 若使用自由泳，在向着池壁的最后一次划臂时，双手都要在髋部，或接近髋部。

5. 收下巴，双手伸向脚趾。

执行

1. 当身体呈弯腰姿势时，双手在水中几乎保持静止。然后，双腿甩过去，用双脚去找池壁。

2. 此时，双手自然地伸过头。

3. 以仰卧姿势蹬离池壁，旋转到俯卧姿势，像开放式转身那样出水。

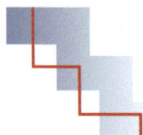

错误

用双臂做圆周运动来帮助旋转。

修正

在最后一次划水时双手都在身体两侧，将它们向下滑到双脚，同时收下巴。

错误

最终头朝向池底。

修正

保持收下巴，直到双脚在池壁上。

翻滚转身练习

很多泳手都将翻滚转身误解为简单地翻跟头，那是很容易的。当然，不只是这样。成功的翻滚转身要求双手固定，并使用核心肌肉来转身。下面的练习帮助您保持核心肌肉的参与，并避免依赖双手和双臂来掌控水。

翻滚转身练习1　浮板

该练习的目的是在做翻滚转身时要保持双手在同一个地方。进行该练习时，两手各抓住一块浮板的底部。从游泳池中间开始，脸朝下趴在水中，双手和浮板都在身体两侧，手掌和大拇指向上。收下巴，在弯腰时进行一次小幅度的海豚式打腿。双脚甩过去，所以结束时，脸朝上在水面上，并且双臂伸过头顶。

增加难度

• 不使用浮板进行该练习。

降低难度

• 让搭档帮助您把脚甩过去。

检查结果

- 可以双手停留在同一个地方完成该练习。
- 可以多次进行该练习。
- 可以不使用浮板进行该练习。

自我评分

1分：可以进行该练习一次。

3分：可以多次进行该练习。

5分：可以不用浮板进行一次该练习。

7分：可以用浮板多次进行该练习。

翻滚转身练习2　泳道线

　　该练习帮助您习惯弯腰，用臀部作为交换的支点。进行该练习时，脸朝下趴在泳道线上，手臂伸过头；使泳道线在腋窝处横跨胸部。接下来，将双手拉到大腿处，收下巴，同时双手伸向在泳道线另一侧的脚趾。这个动作会将您向前拉过泳道线；当臀部到达泳道线时，启动翻转。双脚甩过去，同时微微曲腿。在与上一个练习同样的位置完成动作，呈仰卧姿势。

增加难度

- 在没有泳道线的地方进行训练。

降低难度

- 让搭档帮助您把脚甩过去。

检查结果

- 可以双手停留在同一个地方完成该练习。
- 可以多次进行该练习。
- 可以在没有泳道线的地方进行该练习。

自我评分

1分：可以进行该练习一次。

3分：可以多次进行该练习。

5分：可以在没有泳道线的地方进行该练习一次。

7分：可以在没有泳道线的地方多次进行该练习。

157

翻滚转身练习3 标志旗进入

该练习可以帮助你确定与池壁之间的理想转身距离。转身太早，双脚就会完全错过池壁。转身太晚，就只能缩成一团，无法很好地蹬池壁，或者更糟的是，脚后跟打到池边的地板或排水沟。进行该练习时，在浅水区的仰泳标志旗处开始。向前推并划臂一次，然后发起转身动作。仔细注意在池底的标记。重复该练习，每次都增加一次划臂，直至找到正确的位置，然后用理想的划臂次数重复这个练习。一旦翻转，用双脚找到池壁，保持膝盖微微弯曲，并以流线型姿势蹬池壁。

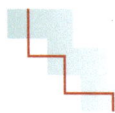

增加难度

- 从泳池的中间开始。
- 以不同的游泳速度练习。

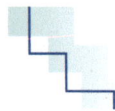

降低难度

- 让搭档帮助您把脚甩过去。
- 让搭档在与池壁的适当距离处轻拍您的头。

检查结果

- 可以双手停留在同一个地方完成该练习。
- 可以多次进行该练习。
- 可以进行该练习，并以流线型姿势蹬离池壁。
- 可以从泳池中间开始进行该练习。

自我评分

1分：可以进行该练习一次。

3分：可以多次进行该练习。

5分：可从泳池中间开始进行该练习一次。

7分：可从泳池中间开始多次进行该练习。

成功摘要

在游泳池中游泳时，转身很关键，您已经学会了三种转身。现在计算您的分数，看看在交换动量和改变方向方面的有效性。

自我评分

如果您得到至少40分，那么您就已经完成了这一章。如果您得到41 ~ 55分，那么您进展得不错，并有可能进一步完善自己的泳姿。如果您的得分超过55分，那么您已经掌握了将自己的游泳技术发展到更高水平的关键要素。

开放式转身练习

1. 游近池壁   ____ 总分5分
2. 交换   ____ 总分5分
3. 侧身转俯卧的流线型   ____ 总分7分
4. 1-2-3流线型   ____ 总分7分
5. 三次划臂旋转   ____ 总分7分

双手触壁转身练习

1. 游近池壁   ____ 总分7分
2. "高-小-高"交换   ____ 总分7分
3. 手触壁加侧身转俯卧流线型   ____ 总分7分
4. 两次划臂旋转出水   ____ 总分7分

翻滚转身练习

1. 浮板   ____ 总分7分
2. 泳道线   ____ 总分7分
3. 标志旗进入   ____ 总分7分
总计   ____ **总分80分**

第8章　出发

出发主要用于竞技游泳，但休闲泳手和健身泳手也可以了解如何掌握良好的出发动作，并从中受益。在竞技游泳中，出发要执行一系列的动作，沿着泳池的长边方向产生尽可能大的速度。毕竟，这是（在转身之前）最后一次蹬固体并受益于重力的机会，所以值得让它发挥出最大的作用。

对于在本书中介绍的所有泳姿，出发都包括四个基本要素：1）预备；2）蹬；3）入水；4）呈流线型姿势。

预备是在游泳池边或出发台上所采用的姿势。蹬是具有爆发力的动作，以产生在泳池中前进的速度。入水是从空气到水中的过渡，而呈流线型姿势是如何将那种动量带入水中，以利用它作为进入游泳状态的初始速度。

水中出发

当然，许多泳手不参加比赛，但出发技能对于他们仍然很重要。初学者和不会跳水的泳者应仔细阅读具体泳姿讨论中针对流线型姿势和出水的章节。水中出发只涉及蹬离池壁，并且在大多数比赛中，这种出发都是完全符合规则的。规则中的确有规定，必须至少有一只手在池壁上，并且必须蹬池壁，而不是接触池底。

跳水出发

在开始这一章之前，请确保正在使用的泳池是可以进行跳水出发的安全环境。许多游泳池会限制跳水，或者不够深，完全不允许跳水。与救生员或训练员确认一下，以确保这项特殊的活动在您的泳池中是被允许的。各管理机构的深度要求各不相同，但都要求水深至少为4.5英尺（约1.4米）；如果您是一个新手，那么越深越好。同样，在尝试任何跳水出发前，要与场馆或安全工作人员确认，在浅水中因跳水出发而造成头部或颈部受伤的风险的可能性会比较大。

虽然很多人都知道如何跳水，竞技性游泳的跳水出发与在炎热的天气里只是跳进水中弄湿自己还是有点不同。即使您是一位有经验的游泳运动员，复习一下跳水的要素也是一件好事。

跳水出发可以在比赛开始时最大限度地提高速度和减少阻力。因为我们所有的泳姿都是头部在前面，以头部在前面（或者说双手在前面）的姿势跳水可以防止因更改姿势而浪费任何能量。理想情况下，跳水出发的垂直分量非常小，会引导爆发力运动沿泳池的长边方向发力。过渡到入水则包括调整角度向下朝着水面，用双手引导，身体的其余部分以理想的角度跟随，以实现最佳深度——不太深，也不太浅。下面的进程让您习惯正确的入水姿势。

跪姿跳水

进程的第一部分是跪姿跳水（图8.1）。在这一部分中，很多泳手会在地板上放一条毛巾，以保护自己的膝盖。重复此过程几次，然后再继续后面的练习；每次都尝试穿过双手在水中造出来的"洞"。

图8.1 跪姿跳水

预备

1. 面向水，单膝跪在游泳池地板的边缘，另一条腿竖起，脚趾包住地板的边缘或突缘。
2. 双手伸过头，呈流线型姿势，并用二头肌压住耳朵。
3. 向着水弯腰，同时保持低头。

蹬

在入水时，双手在前面，保持收下巴并用非跪姿的腿蹬出去（不是向上蹬）。

入水

当进入水中时，保持流线型姿势。

流线型

像任何正向泳姿那样保持流线型。

站姿跳水

站姿跳水（图8.2）类似于跪姿跳水，当然，这一次头和手离水面会更远。重复整个过程几次，然后再继续后面的练习；每次都尝试穿过双手在水中造出来的"洞"。

图8.2 **站姿跳水**

预备

1. 站在泳池的边缘并采用垂直的流线型姿势。
2. 弯腰低头，双手指向水面。

蹬

在滚进水中时，双手在前面，保持收下巴并用双脚蹬出去。

入水

当进入水中时，保持流线型姿势。

流线型

像任何正向泳姿那样保持流线型姿势。

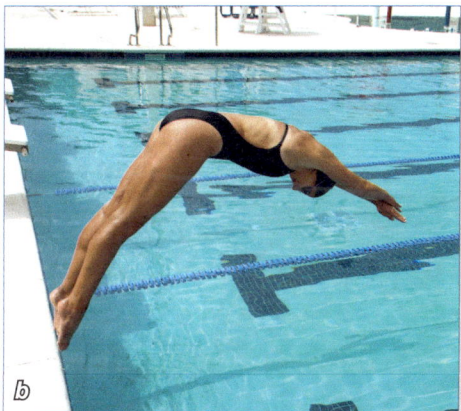

错误

抬头看且肚皮拍水。

修正

全过程保持收下巴。

错误

过早蹬地，并且脚先入水。

修正

请记住，双脚是最后移动的，在双手几乎入水后才移动脚。

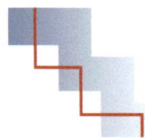

错误

最终身体入水过深或过浅。

修正

在滚进水中时调整双手伸出的角度。

跳水出发设施

从地面转换到出发台之前，有几点需要考虑。首先，并不是所有场馆都有出发台，而那些有出发台的场馆往往会对使用的人员及条件有所限制。如果您被允许使用出发台，如果您有从池边跳水的成功经验，那么您可以从出发台开始练习。传统意义上，出发台立在高出水面20至30英寸（0.5～0.75米）的位置。这似乎并不十分高，但它可以为出发增加许多能量，并且使泳池深度显得更加重要。虽然这种正向跳水出发在传统意义上是在出发台上进行的，但它也可以从池边完成。

出发台可能是可拆卸的，或者是永久安装的。不同的制造商有多种不同的出发台设计，但一般都会包括一个稍微向前或向下朝着水面倾斜的平台。有些在后面还有一个楔子，该特征被认为是目前竞赛出发台中最先进的一种。现在让我们谈谈各种跳水出发。

正向或抓台出发

正向或抓台出发（图8.3）可在地面或出发台上进行，并且可用于自由泳、蛙泳和蝶泳。在进行出发时，站在出发台的前边缘，脚趾卷曲，包住边缘，然后弯腰，并稍微弯曲膝盖。接着，用双手抓住出发台的前边缘；保持颈部放松，看向下方，或只是略微看向前方，这是非常重要的。

这是预备姿势，重心在脚和脚踝的正上方，您应该对此感到相当舒适。当双脚离开出发台时，髋、膝盖和脚踝都应该呈一直线，平行于水面，以产生最大的前进速度。上半身向着入水位置倾斜，手指直接指向那个点。

当双脚入水时，您应该在水面下2～2.5英尺（0.6～0.75米）处。需要尝试多次才能找到自己的理想深度，这取决于要游的泳姿，以及对自己最舒服的位置。在双脚入水后，就进入了流线型阶段。按具体泳姿的相应章节中所述，进行出发的这一部分。

请记住，在入水的瞬间，是以在游泳中能够达到的最快速度前进的。因此，关键是要实现绷紧的流线型姿势，以避免减慢速度，并最大程度地减少阻力。自由泳和蝶泳的流线型姿势包括有力且频率非常高的打腿，而蛙泳的流线型姿势则包括蛙泳划出。

同样，出水是从流线型姿势到游泳的过渡。在所有这些泳姿中，流线型姿势后的最初几次划臂对于保持在出发和流线型阶段所产生的动量是至关重要的。因此，重点是最初几次划臂要有力和完美。

图8.3 **正向或抓台出发**

预备

1. 站在出发台的前边缘，脚趾卷曲，包住边缘。
2. 弯腰，并稍微弯曲膝盖。
3. 用双手抓住出发台的前边缘。
4. 非常重要：保持颈部放松，看向下方，或只是略微看向前方。

蹬

1. 在出发命令后，开始出发，双手向前拉，同时上半身向前用力。
2. 微微抬头看着水面以及您希望入水的那个点。
3. 与此同时，双手向前，准备形成流线型姿势。
4. 现在，在流线型姿势中收下巴。

入水

1. 当双手入水时开始拉直身体，让它进入双手在水中进入的同一个洞中。
2. 当身体穿过水面时，稍微拱起背部，以控制下潜的深度。

流线型

将下巴稍微向前送，以调整深度，并将自己带到水面，以流线型姿势游泳，并进行所选择泳姿的打腿。

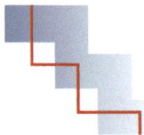

错误

双手在入水时分开了。

修正

确保在出发命令后，立即把双手带到身体前面，呈流线型姿势。

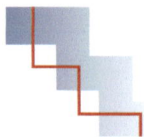

错误

在出水阶段向上窜，并几乎停了下来。

修正

确保以几乎平行于水面的角度上升到水面准备出水。

错误

像"煎饼"一样水平地拍到水面。

修正

预先认准离出发台更近一点作为入水点。

错误

像"潜艇"一样，或入水后继续入水过深。

修正

预先认准离出发台更远一点作为入水点。

正向或抓台出发练习

为了进行良好的正向出发，需要产生很大的水平力量，并保持从很高的地方蹬离所产生的速度。下面的练习通过强调良好的出发的每个组成部分，帮助您掌握正向出发。

正向或抓台出发练习1　原地起跳

这个双脚先入水的练习可以分离蹬地动作以帮助您从池边地面或出发台产生爆发力。从各就位姿势开始，双手不要向前拉，而是放松并向前摆臂。同时，尽可能用力地向前蹬，以获得尽可能大的前进速度，然后抬起双脚，让脚先入水。进行这个练习几次，看看可以跳到多远。

在比赛中，出发程序可以有几种不同方式。大部分比赛会使用哨子发令。首先，发令员发出一系列短哨声，由另一名官员请参赛选手到出发台前。然后，一声长哨信号是让运动员踏上出发台（在仰泳的情况下则是下水）并准备好做出发姿势。然后，发令员告诉参赛选手各就位，此时他们需要进入出发姿势并保持住。比赛本身的出发是以喇叭或哨声为信号。

增加难度

● 在池底放一个标记作为目标（例如，潜水砖），并瞄准水中在其正上方的点。

降低难度

● 从池边地面开始，将该练习只是作为立定跳远来进行。
● 在池边地面以预备姿势开始。

检查结果

● 可以在预备姿势保持稳定。
● 可以在距离出发台至少4英尺（约1.2米）的位置入水。
● 可以在确定水中的目标位置后，落在目标点。

自我评分

1分：可以在池边地面上进行该练习，在距离池壁至少一码的位置入水。

3分：可以进行该练习，在距离池壁至少4英尺（约1.2米）的位置入水。

5分：可以进行该练习，在距离池壁至少4英尺（约1.2米）的目标点入水。

正向或抓台出发练习2　只是流线型

掌握了前一个练习后，现在是时候练习入水了。这个练习分隔了出发的入水部分。进行该练习时，站在出发台上，采用各就位姿势，进行蹬腿，然后没有任何动作，只是保持流线型姿势，落到尽可能远的地方。该练习不仅最大限度地提高蹬腿力量，还保证您完成良好的入水，带着尽可能多的动量到水中。尝试不同的深度和入水姿势，直到找到最适合自己的。

增加难度

● 保持流线型姿势，直到停下来。

降低难度

● 在流线型姿势时打腿。

检查结果

● 可以进行该练习，没有像"煎饼"或"潜艇"那样。
● 在入水后，双脚、髋部和肩部都处于水中的同一水平线上。
● 实现流线型姿势，并前进至少10码。

自我评分

1分：可以进行该练习，并前进5码。

3分：可以进行该练习，并前进10码。

5分：可以进行该练习，并且没有使用打腿或其他身体动作，前进至少半个游泳池的长度。

在掌握了这个练习后，是时候练习出水了，这对于保持在离开出发台和入水时产生的动量至关重要。在比赛中，不好的出水动作可能会让您几乎完全停下，而好的出水动作可以让您取得领先优势。下面的练习可以帮助您练习从流线型姿势平稳过渡到游泳姿势。

出水练习　打腿到出水

该练习可以帮助您基于对前面练习的掌握，专注于从流线型姿势过渡到游泳姿势。正如您已了解的，任何非流线型姿势或动作都会导致损失大量动量。进行该练习时，先做预备、蹬和入水，然后添加有力且高频的打腿。当您在水下前进时，将下巴向前送，并感觉到自己上升。当您出水时，停下。如果您游蛙泳，则进行一次划出，并上升到水面。每次完成练习的时候，记下自己在池中的位置。

增加难度

- 进行第一次划臂。

降低难度

- 不要打腿。

检查结果

- 在蹬地前已形成流线型姿势。
- 在浮出水面之前可以至少到达标志旗的位置（也就是说，5码处）。
- 头、肩和髋都在同一时间露出水面。

自我评分

1分：可以前进5码。

3分：可以前进7码。

5分：可以前进10码。

7分：可以前进12码。

起跑式出发

起跑式出发（图8.4）动作是几位运动员在20世纪50年代创造的，他们在练习和当地比赛中不断完善这一技术。起跑式出发与其他出发的区别在于出发姿势。在这个姿势中，一只脚在前，另一只脚在后，就像田径运动员在起跑时使用的姿势。在20世纪60年代和70年代，有一些美国大学生游泳运动员使用这一技术，到了80年代，有几位美国运动员首先在国际比赛中使用它。他们当时被取消了资格，但后来对规则的质疑和讨论最终得出的结论是，规则并没有要求双脚都在出发台的前面。到了90年代，该技术已变得更为普及，现在，它是大多数游泳运动员的标准出发技术。这种技术可以在池边地面或出发台上完成，并且可以在自由泳、蛙泳和蝶泳使用。

图8.4 起跑式出发

预备

1. 站在出发台的前边缘，一只脚在前面，脚趾卷曲，包住边缘。
2. 另一只脚放在出发台的后面。
3. 弯腰，并略微弯曲膝盖，采用近乎于蹲的姿势。
4. 用双手抓住出发台的前边缘。
5. 非常重要：保持颈部放松，看向下方，或只是略微看向前方。保持重心恰好落在出发台的中心，在前脚与后脚之间。

蹬

1. 在出发命令后，开始出发，双手向前拉，同时上半身向前用力。
2. 微微抬头看着水面以及您希望入水的那个点。
3. 与此同时，双手向前，准备形成流线型姿势。
4. 然后，在流线型姿势中收下巴。

入水

1. 当双手入水时，开始拉直身体，让它进入双手在水中进入的同一个洞中。
2. 当身体穿过水面时，稍微拱起背部，以控制下潜的深度。

流线型

将下巴稍微向前送，以调整深度，并将自己带到水面，以流线型姿势游泳，并进行所选择泳姿的打腿。

哪只脚在前面最好呢？要回答这个问题，请使用以下的简单方法。首先，请一位训练伙伴或教练站在自己身后。双腿并拢站立，闭上眼睛，让另一个人轻轻向前推您。首先移动以阻止您摔倒的脚就是您的惯用脚。但是，这一事实本身并不能证明把这只脚放在前面是最好的选择。

接下来，让另一个人观察您在预备姿势时，您的髋部是靠前还是靠后。髋部稍靠后的人往往在把惯用脚放在前面时会有更快的出发速度；髋部靠前的人往往会在非惯用脚放在前面时出发得更好。无论是哪种情况，双脚都应该笔直指向在泳池中的前进方向，而不是任何其他角度。最后，当然了，确定哪种方式适合自己的唯一方法就是去试一下，看看哪一种方式让自己在池中前进得更远。

在双脚入水后，就进入了流线型阶段。按每种泳姿的相应章节中所述的内容进行出发的这一部分。请记住，在入水的瞬间，是以在游泳中能够达到的最快速度前进的。因此，关键是要实现绷紧的流线型姿势，以避免减慢速度，并最大程度地减少阻力。自由泳和蝶泳的流线型姿势包括有力且频率非常高的打腿，而蛙泳的流线型姿势则包括蛙泳划出。

同样，出水是从流线型姿势到游泳的过渡阶段。如前面提到的，将下巴稍微向前送，以调整深度，并将自己带到水面。

在所有这些泳姿中，流线型姿势后的最初几次划臂对于保持在出发和流线型阶段所产生的动量是至关重要的。为此，重点是最初几次划臂要有力和完美。另外，这种特殊类型的出发必须管控好几个变量。无论您的髋部是靠前还是靠后，您的时机，以及在出发中所包含的垂直力分量，都会影响入水。如果双脚没有与身体的其余部分都穿过水中的同一个洞，就可能会出现身体扭曲的情况，这会影响流线型阶段。您必须调整自己的身体和流线型姿势，以确保您能够有效控制入水。

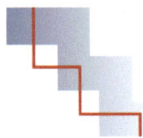

错误

抬头，失去平衡，并掉进水里。

修正

保持颈部放松；看着泳池末端会让颈部的血管收缩。

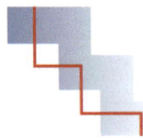

错误

上体后仰幅度过大，坐在自己的后腿上。

修正

髋部稍稍靠前或靠后是常见的，这往往只是偏好的问题。但是，膝盖弯曲超过90度则无法实现良好的蹬地。应向前移动髋部。

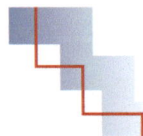

错误

前腿伸直并保持。

修正

确保屈膝，让自己可以用前腿，而不仅仅是前脚去蹬离出发台。

起跑式出发练习

接下来的几个练习的重点是将预备、蹬、入水和出水流线型技能串连为一个综合技能。

起跑式出发练习1　15米

虽然不是一个真正的练习，但它会使您能够确定哪种出发最适合自己。尝试抓台出发，并在15码处记录您的时间。进行起跑式出发，两腿分别作为前腿尝试，并在15码处记录您的时间。按这个顺序进行几次，以确定哪种类型的出发最适合自己。

在比赛池中，15码标志是由泳道线中颜色突出的（例如，红色或黄色）圆盘来表示的。如果泳池中没有这样的标记，可以使用10码以上的任意测量距离。

起跑式出发练习2　原地起跳

该练习分离了出发的蹬地动作。从各就位姿势开始，尽可能用力向前蹬，获得尽可能大的前进速度。然后抬起双脚，让脚先入水。进行这个练习几次，看看可以跳到多远。

增加难度

- 在池底放一个标记作为目标（例如，潜水砖），目的在水中正上方的点。

降低难度

- 从池边地面开始，将该练习只是作为立定跳远来进行。
- 从池边地面以预备姿势开始。

检查结果

- 可以在预备姿势保持稳定。
- 可以在距离出发台至少4英尺（约1.2米）的位置入水。
- 可以在确定水中的目标位置后，落在目标点。

自我评分

1分：可以在池边地板上进行该练习，在距离池壁至少一码的位置入水。

3分：可以进行该练习，在距离池壁至少4英尺（约1.2米）的位置入水。

5分：可以进行该练习，在距离池壁至少4英尺（约1.2米）的指定目标点入水。

入水练习

掌握了原地起跳练习后，现在是时候练习入水了。入水对于保持通过蹬离出发台产生的力量至关重要。如果入水太浅，肚皮会拍水；如果角度太大，就会冲到游泳池的底部。另一方面，适当的入水角度（配合良好的流线型）可以给您带来在泳池中前进的最大速度和效率。

入水练习　流线型

这个练习分离了出发的入水部分。进行该练习时，站在出发台上，采用各就位姿势，进行蹬腿，然后没有任何动作，只是保持流线型姿势，落到尽可能远的地方。该练习不仅最大限度地提高了蹬腿力量，还保证了您完成良好的入水，带着尽可能多的动量到水中。尝试不同的深度和入水姿势，以找到最适合自己的方案。

增加难度
- 保持流线型姿势，直到停下来。

降低难度
- 在流线型姿势时打腿。

检查结果
- 可以在预备姿势保持稳定。
- 可以在距离出发台至少4英尺（约1.2米）的位置入水。
- 可以在确定水中的目标位置后，落在目标点。

自我评分
1分：可以在池边地面上进行该练习，在距离池壁至少一码的位置入水。

3分：可以进行该练习，在距离池壁至少4英尺（约1.2米）的位置入水。

5分：可以进行该练习，在距离池壁至少4英尺（约1.2米）的指定目标点入水。

掌握了该练习后，现在是时候练习出水了。

出水练习　打腿到出水

该练习可以帮助您基于对前面练习的掌握，专注于从流线型姿势过渡到游泳姿势。正如您所了解，任何非流线型姿势或动作都会导致损失大量动量。进行该练习时，先做预备、蹬和入水，然后添加有力且高频的打腿。当您在水下前进时，将下巴向前送，并感觉到自己上升。当您出水时，停下。如果您游蛙泳，则进行一次划出，并上升到水面。每次完成练习的时候，记下自己在池中的位置。

172

增加难度

- 进行第一次划臂。

降低难度

- 不要打腿。

检查结果

- 在蹬之前已形成流线型姿势。
- 在浮出水面之前可以至少到达标志旗的位置，即5码处。
- 头、肩和髋都在同一时间露出水面。

自我评分

1分：可以前进5码。

3分：可以前进7码。

5分：可以前进10码。

7分：可以前进12码。

仰泳团身出发

　　仰泳与胸部向下俯卧的泳姿有很大区别，其出发（图8.5）也不例外。仰泳出发可从池边地面或出发台进行；无论哪种方式，都是在水中完成的，双脚放在池壁上，背向泳池。入水包括蹬离池壁和向后"跳水"，这样做会将您带到水下，呈流线型。

　　当然，有效的仰泳出发是从预备开始的。竞技出发台配备了仰泳用的扶手，但即使如此，有些游泳运动员仍会选择使用池边地面。预备姿势是将双脚平放在池壁上，肘部弯曲。

　　接下来是蹬，其关键是时机。结果应该与向后跳水差不多。最高效的泳手沿弧形线路入水，他们的脚从水下到出水，然后再通过上身穿过的洞回到水中。强壮的游泳运动员可以在某个时间点让全身都出水，并且基本上与双手穿过相同的洞。

　　入水的深度不同于胸部向下的泳姿。在仰泳中，流线型姿势和海豚式打腿是重要的元素。事实上，仰泳最快的纪录大部分是通过水下流线型姿势加海豚式打腿游出来的。记住这一点，如果您擅长海豚式打腿，更深、时间更长的入水会对您有利。在比赛中，流线型姿势允许最多游15码。通过实验找出哪种头部和身体姿势是您最好的流线型姿势，让您在水下保持正确的流线型距离。

　　由于脸朝上，水很可能会进入鼻子，除非慢慢呼气。有些运动员会选择使用鼻夹。

图8.5　仰泳团身出发

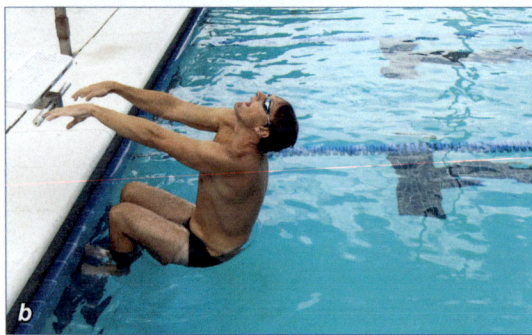

预备

1. 双脚先入水，并面向池壁。
2. 双脚大约与肩同宽，放在池壁上，从而背对泳池。
3. 不要只用前脚掌和脚趾，而是要让双脚更接近水面，并且更加平坦地放在池壁上。
4. 双手应该在扶手上或池边地面上。在预备姿势中，保持臀部离开池壁，并且向着出发台卷曲背部和肩膀。

蹬

1. 在双脚蹬池壁前，上半身和肩膀必须向着泳池移动。因此，必须从扶手推出，将双手伸过头，或向两侧伸出，以将它们带到流线型姿势。
2. 该动作应包括手指在头部前方，向下指向池底。
3. 头部跟随肩膀，在双腿蹬出去时，背部应该弓起。

入水

1. 手指先入水，头部后入水。
2. 强壮的游泳运动员可以在某个时间点让全身都出水，并且基本上与双手穿过相同的洞。

流线型

1. 在仰泳中，以仰卧姿势完成流线型姿势；在这个阶段不要旋转身体。
2. 慢慢呼气，以防止水进入鼻子。
3. 海豚式打腿往往是首选的水下打腿方法，但交替打腿对于一些泳手会更有效。

错误

头向后仰，入水太深。

修正

记住要保持颈部放松，想象肩膀走在前面。

错误

在放开扶手的同时蹬离池壁，因此变成"煎饼式"出发。

修正

记得在蹬离池壁之前要推开扶手并弓起背部。

错误

坐在自己的脚后跟上，然后脚在出发时沿着池壁滑下去。

修正

请确保臀部朝着在泳池中向前的方向，并且膝盖大约90度弯曲。确保在蹬离池壁之前，肩膀过了臀部。

仰泳团身出发练习

下面的练习分离了出发的每个部分，以帮助您有效地练习该技能。警告：很多人觉得倒过来会不舒服，看不到自己要去哪里。在尝试这些练习之前请确保泳道中没有障碍。放心，练习得越多，就会觉得越舒服。

仰泳团身出发练习1 　后空翻

出发中最困难的部分是要避免扁平式或煎饼式出发。脚的位置将让您可以产生在泳池中前进的最大的动力。若干年前，许多泳手（在规则允许范围内）用脚趾勾住排水沟，以便在差不多要向后跳进水中时获得一点额外的垂直力。虽然不能用脚趾勾住排水沟或池边的地面，但让双脚尽可能靠近水面会是一个好主意。

进行该练习时，将双手和双臂向后甩，仿佛试图触摸身后的池底。这个动作需要比普通的出发更大幅度地弓起背部。还必须注意头部的位置；具体而言，要确保向后看着身后的池底。如果最终您是垂直的，并且头在下方，那么您已经正确完成了练习。

（续）

仰泳团身出发练习1（续）

增加难度

- 尝试完全翻过去。

降低难度

- 让训练搭档将您的脚按在池壁上，然后把它们向上甩。

检查结果

- 可以进行该练习，双脚出水，然后再入水。
- 可以多次进行该练习，并倒立着向前伸向池底。
- 可以进行该练习，完成一整圈，然后回到面对池壁的起始位置。

自我评分

1分：可进行该练习，但在入水时仍然脸朝上。

3分：可进行该练习，且是垂直的，头在下方。

5分：可以多次进行该练习，并且是垂直的，头在下方。

7分：可以多次进行该练习，反向完成一整圈，回到面对池壁的姿势。

仰泳团身出发练习2 仰泳流线型

这个练习分离了出发的入水部分。进行该练习时，预备，蹬腿；入水后，没有任何动作，只是保持流线型姿势，落到尽可能远的地方。该练习不仅最大限度地提高蹬腿力量，还保证完成良好的入水，带着尽可能多的动量到水中。尝试不同的深度和入水姿势，直到找到最适合自己的方案。

增加难度

- 保持流线型姿势，直到停下来。

降低难度

- 在流线型姿势时打腿。

检查结果

- 可以进行该练习，不像煎饼或潜艇那样入水。
- 在入水后，双脚、髋部和肩部都在水中的同一水平线上。
- 实现流线型姿势，并前进至少10码。

自我评分

1分：可以进行该练习，并前进5码。

3分：可以进行该练习，并前进10码。

5分：可以进行该练习，并且没有使用打腿或其他身体动作，前进至少半个游泳池的长度。

出水练习 打腿到出水

该练习可以帮助您基于对前面练习的掌握，专注于从流线型姿势过渡到游泳姿势。正如您所了解，任何非流线型姿势或动作都会导致损失大量动能。进行该练习时，先做预备、蹬和入水，然后添加有力且高频的打腿。如果您擅长海豚式打腿，则越深越好，时间越长越好。当您出水时，停下。

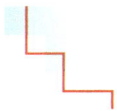

增加难度

- 进行第一次划臂。
- 前进至少15码。

降低难度

- 交替打腿。

检查结果

- 在蹬之前已形成流线型姿势。
- 在浮出水面之前可以至少到达标志旗的位置，即5码处。
- 头、肩和髋都在同一时间露出水面。

自我评分

1分：可以前进5码。

3分：可以前进7码。

5分：可以前进10码。

7分：可以前进12码。

平背出发

平背出发（图8.6）在许多方面与团身出发相似。它的主要区别在于预备阶段，臀部更接近池壁，而肩部更偏向泳池。

接下来是蹬，其关键是时机。该动作应包括手指在头部前方，向下指向池底。结果应该与向后跳水差不多。最高效的泳手沿弧形线路入水，他们的脚从水下到出水，然后再通过上身穿过的洞回到水中。强壮的游泳运动员可以在某个时间点让全身都出水，并且基本上与双手穿过相同的洞。

入水的深度不同于胸部向下的俯卧泳姿。在仰泳中，流线型姿势和海豚式打腿是重要的元素。事实上，仰泳最快的纪录大部分是通过水下流线型姿势加海豚式打腿游出来的。记住这一点，如果您擅长海豚式打腿，更深、时间更长的入水会对您有利。通过实验找出哪种头部和身体姿势是您最适合的流线型姿势，让您在水下保持正确的流线型距离。在这个阶段，为了防止水进入鼻子，可以慢慢呼气或使用鼻夹。

图8.6　**平背出发**

预备

1. 预备姿势应该与团身出发是一样的，双脚大约与肩同宽。
2. 在预备姿势中，保持臀部离开池壁，并且背部平坦，背部比臀部距离出发台更远。

蹬

1. 在双脚蹬池壁前，上半身和肩膀必须向着泳池移动。因此，必须从扶手推出，将双手伸过头，或向两侧伸出，以将它们带到流线型姿势。
2. 头部跟随肩膀，在双腿蹬出去时，背部应该弓起。

入水

1. 手指先入水，头部后入水。
2. 强壮的游泳运动员蹬离池壁后，双脚踢到空中，并且与双手穿过相同的洞。

流线型

1. 像之前一样，只允许在水下用流线型前进15码。
2. 为了防止水进入鼻子，可以慢慢呼气或使用鼻夹。

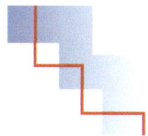

错误

先向前推臀部。

修正

记住，要在肩膀向泳池移动后再蹬。

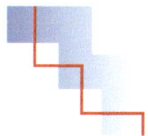

错误

坐在脚后跟上，不能加速蹬池壁。

修正

确保膝盖弯曲，并且臀部仍然比肩膀更接近池壁。

平背出发练习

出发中最困难的部分是要避免扁平式或煎饼式出发。脚的位置将让您可以产生在泳池中前进的最大动力。若干年前，许多泳手（在规则允许范围内）用脚趾勾住排水沟，以便在差不多要向后跳进水中时获得一点额外的垂直力。虽然不能用脚趾勾住排水沟或池边的地面，但让双脚尽可能靠近水面会是一个好主意。

平背出发练习1　后空翻

进行该练习时，将双手和双臂向后甩，仿佛试图触摸身后的池底。这个动作需要比普通的出发更大幅度地弓起背部。还必须注意头部的位置；具体而言，要确保向后看着身后的池底。如果最终您头部向下且垂直于水面，那么您已经正确完成练习了。

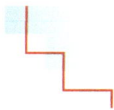

增加难度

- 尝试通过完整的空翻，完全翻过去。

降低难度

- 让训练搭档将您的脚按在池壁上，然后把双脚向上甩。

（续）

平背出发练习1（续）

检查结果

- 可进行该练习，双脚出水，然后再入水。
- 可以多次进行该练习，并倒立着向前伸向池底。
- 可以进行该练习，完成一整圈，然后回到面对池壁的起始位置。

自我评分

1分：可以进行该练习，但在入水时仍然脸朝上。

3分：可以进行该练习，并且是垂直的，头在下方。

5分：可以多次进行该练习，并且是垂直的，头在下方。

7分：可以多次进行该练习，反向完成一整圈，回到面对池壁的姿势。

平背出发练习2　仰泳流线型

这个练习分离了出发的入水部分。进行该练习时，预备，蹬腿；入水后，没有任何动作，只是保持流线型姿势，落到尽可能远的地方。该练习不仅最大限度地提高了蹬腿力量，还保证您完成了良好的入水，带着尽可能多的动量到水中。尝试不同的深度和入水姿势，直到找到最适合自己的入水位置。

增加难度

- 保持流线型姿势，直到停下来。

降低难度

- 在流线型姿势时打腿。

检查结果

- 可以进行该练习，没有像煎饼或潜艇式入水。
- 在入水后，双脚、髋部和肩部都在水中的同一水平线上。
- 使用流线型姿势并可以前进至少10码。

自我评分

1分：可以进行该练习，并前进5码。

3分：可以进行该练习，并前进10码。

5分：可以进行该练习，并且没有使用打腿或其他身体动作，前进至少半个游泳池的长度。

出水练习　打腿到出水

　　该练习可以帮助您基于对前面练习的掌握，专注于从流线型姿势过渡到游泳姿势。正如您所了解，任何非流线型姿势或动作都会导致损失大量动能。进行该练习时，先做预备、蹬和入水，然后添加有力且高频的打腿。如果您擅长海豚式打腿，则越深越好，时间越长越好。当您出水时，停下。

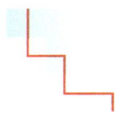

增加难度

- 进行第一次划臂。
- 前进至少15码。

降低难度

- 交替打腿。

检查结果

- 在蹬之前已形成流线型姿势。
- 在浮出水面之前可以至少到达标志旗的位置，即5码处。
- 头、肩和髋都在同一时间露出水面。

自我评分

1分：可以前进5码。

3分：可以前进7码。

5分：可以前进10码。

7分：可以前进12码。

成功摘要

　　在游泳比赛中，出发是获得领先优势的第一个机会。如果游泳以休闲或健身为目的，那么，好的出发可以让您带着良好的动量开始，不需要艰难地获得加速。在这一章中的每一个练习都已帮助您更熟练地练习出发。

自我评分

如果您得到至少25分，那么您就已经完成了这一章。如果您得到26 ～ 40分，那么您进展得不错了，并有可能进一步完善自己的泳姿。如果您的得分超过40分，那么您已经掌握了将自己的游泳技术发展到更高水平的关键要素。

正向或抓台出发练习

1. 原地起跳   ____ 总分5分
2. 只是流线型   ____ 总分5分

出水练习

打腿到出水   ____ 总分7分

起跑式出发练习

1. 15米   ____ 总分5分
2. 原地起跳   ____ 总分5分

入水练习

流线型   ____ 总分5分

出水练习

打腿到出水   ____ 总分7分

仰泳团身出发练习

1. 后空翻   ____ 总分7分
2. 仰泳流线型   ____ 总分5分

出水练习

打腿到出水   ____ 总分7分

平背出发练习

1. 后空翻   ____ 总分7分
2. 仰泳流线型   ____ 总分5分

出水练习

打腿到出水   ____ 总分7分

总计   **____ 总分55分**

第9章　公开水域和求生游泳

公开水域游泳以及可能被称为求生游泳的游泳方法是当今竞技游泳的根源。所有游泳的历史都可以追溯到远古时代，当时泳池游泳尚未存在，但各种大小水域当然是存在的。无论是为了体育运动还是求生，这都是所有游泳的起源。

虽然公开水域游泳和泳池游泳都可以用类似的泳姿技能，但在很多方面来看，两者是完全不同的运动。一方面，泳池游泳发生在可控性非常高的环境中，泳池的距离是固定的，并且水温和气温是可控制的。相比之下，公开水域和求生游泳发生在受到多种可变环境因素影响的环境中。这一章介绍的重点是对于竞技类和休闲类公开水域游泳都很重要的技能和练习，以及在紧急情况下可以帮助您的那些技能和练习。

在开始之前，请查看以下安全原则，它适用于所有类型的公开水域游泳，包括竞技类、休闲类以及求生类。

1. 永远不要独自去游泳。

2. 要注意环境因素。

3. 制定游泳训练计划，并让别人知道您的计划。

4. 带上一切适当的安全设备，并确保其处于良好的工作状态。

公开水域游泳：环境

　　任何公开水域游泳的首要考虑因素都是环境，包括气温、水温、天气、水面状况、水流、地理（包括岸边的和水面以下的水）、水质以及在该地区的野生动物（基本的公开水域路线见图9.1）。气温有着重要的作用，不仅有可能让泳手在上岸时体温过低，还会影响水的降温速度。另外，气温和水温之间若有很大的差异，就会对身体造成压力，因为身体需要能量来调节温度。

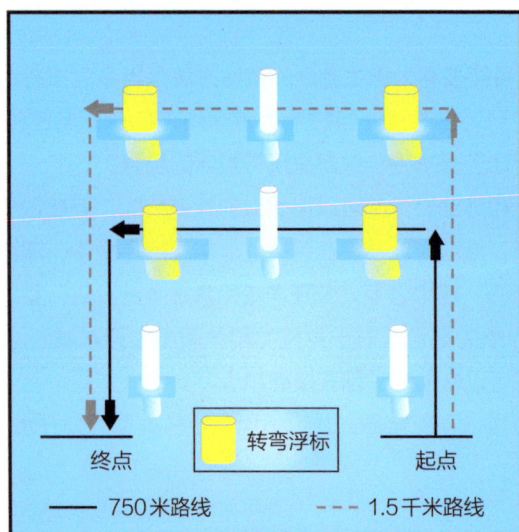

图9.1　基本的公开水域路线

　　当然，水温本身也是很重要的因素。对于大多数人来说，在大约81华氏度（约27摄氏度）的水中开始会觉得冷，大约85华氏度（约29摄氏度）则觉得太暖。在国际比赛中，水温要求为大约61至88华氏度（约16至31摄氏度）。在温度较低的比赛中，往往允许参赛选手使用潜水衣保暖，而不要求穿传统的泳衣。

　　公开水域游泳的另一个环境因素是天气。在某种程度上，畅游依赖于与日出和日落时间相关的良好规划，以及该地区的天气预报。我们从来都不建议在黑暗中游泳，因为会有更多动物出来活动，能见度不足，并且温度更低。公开水域游泳也应避免恶劣天气，包括雨，尤其是雷暴。雾也是一个问题，因为它阻碍了导航，并且可能让原本技艺高超的泳手遭遇紧急情况。

公开水域泳手在规划游泳时还必须考虑水面状况。在较大的水域尤其如此，其波浪和涌浪可能会带来问题；然而，对于小水域也需要考虑这个因素，在其中，有时小波浪的轻微碎浪也可能会导致问题。涌浪和碎浪通常是由风引起的，但它们也可能受到其他因素的影响，如上涌水流和潮汐变化。

另一个经常被忽视的水面状况是交通。不建议您在有大量船只往来的区域中游泳；船舶和泳手之间的相互作用结果对于泳手来说通常都不好。此外，水面还可能会有杂物，如树枝、木头和垃圾。

公开水域游泳规划还必须考虑水流和地理——两者都在水域和海岸线的底部。泳手可能会被一个离岸流带离岸边，或者被河流带到下游，无论哪种情况，都是很危险的。因此，关键是要了解有关水流或潮汐，包括它们的强度和水流方向。至于地理，要考虑所有可能的因素。例如，是一条浅浅的水道，还是有一个陡坡？水有多深？海岸是沙质还是岩质？有没有植被？

此外，在泳池以外的其他水域中游泳时（有时，即使在游泳池中也是一样！），您会遇到某种生物。这可能是细菌、苔藓、藻类等简单生物，也可能是鱼、水母、爬行动物或哺乳动物等复杂和令人生畏的生物。这个警告并不意味着劝阻您去享受在公开水域中游泳，而是强调很重要的一点，您要知道自己会遇到什么。咨询当地官员，确保您的目标游泳地点不存在有害的细菌，以及其他潜在的危险生命体。还要考虑一些水生生物和海洋生物的日常规律或迁徙活动。有关这类问题的最佳信息来源是当地的安全专家和官员。

入水和出发

在开始这一章之前，请确保您选择的水域是安全的游泳点。为此，请咨询救生员、当地官员或者您的训练员。此外，在公开水域中进行所有这些练习之前，都要先在游泳池或其他可控环境中进行练习，这是非常重要的。

入水

在这里，您将运用有关附近海岸线或码头区，以及水下情况的地理知识。从码头或船入水时（图9.2），始终坚持"第一次让脚先入水"的准则，以防止受伤。一旦知道了开始的条件，以及要如何入水，就可以培养相关的技能，帮助自己享受竞技和休闲类的公开水域游泳。

图9.2 公开水域初次入水

准备

1. 找一个小角度下滑或无边的水池。
2. 涉水走到至少大腿上部的深度。

执行

1. 到了实在太难以继续涉水的地方，把手臂伸向前方，并向前蹬离池底。
2. 保持双手在前面，让脚离开池底，并将胸部向前送。这种方法可以让您使用以比走路更少的能量覆盖更多的水平距离。
3. 抬起一侧膝盖，用该侧脚再次找到池底，并重复上肢运动，同时提起另一条腿，越过第一条腿。
4. 视需要重复多次，以达到可以游泳的深度。

在无边泳池中练习上述技能，但也可以在如图所示的公开水域场地中使用该技能。无边游泳池更安全，并且有很多技能可以先在那里练习，然后再到公开水域中尝试。下面的错误和修正适用于在公开水域环境中进行的练习。

错误

跑入水中，并在被一块石头绊到后马上跌倒。

修正

检查水底是否有障碍物；向当地官员咨询地形。

错误

开始游泳，从水底抓了一把淤泥。

修正

您开始游泳的过早。应首先通过几次海豚式潜水，进入更深的水域。

紧凑式或跨大步式入水

紧凑式或跨大步式入水（图9.3）用于跳进未知深度的水中。

图9.3　紧凑式或跨大步式入水

准备

1. 跳水时脚先入水，膝盖弯曲，手臂在身体两侧伸直。
2. 您在水中时将会是垂直的，并且需要尽快转换成水平游泳姿势。

执行

1. 向着目标前进的方向伸展手臂，收下巴。
2. 与此同时，弯腰，将胸部向下推向水底。
3. 这个动作将臀部带到水面，您可以将下巴向前送，直到实现水平游泳姿势，同时第一次划臂。

脚先入水的练习

即使可以看到水底或知道水深，脚先入水始终是最安全的方式。这种入水的优点包括，保持头接近水面，必要时，甚至可以让头部在水面上方，例如，由于寒冷或不卫生的水域状况条件，或者，为了密切注意水中的目标。

入水和出发练习1　紧凑式跳入水和游泳

该练习可以帮助您学习从码头或船进入水中，立即开始游泳。该练习的目的是保持身体接近水面，并迅速、有效地转换为水平姿势。该练习要求找到泳池中逐步变浅的部分，一直到3.5英尺（约1米）处。找到适当的泳池或水体，检查是否有任何障碍物，并确保环境是安全的。

进行该练习时，进行如前所述的入水动作。站在游泳池边（或码头或船），面对游泳的目标方向。从池边跳出去，并抬起膝盖，弯曲腿，双脚在臀部下方。在空中时，双臂在身体两侧伸直。在碰到水时，双臂向前扫，吸收来自下落的能量，并保持头在水面的上方或附近。把胸部向前推，并以最快的速度打腿，让双脚浮到水面。

增加难度

- 从出发台或跳水板尝试该练习。

降低难度

- 从泳池边地面的边缘出发，因为它比船的甲板或码头都更接近水面。

检查结果

- 可以进入3.5英尺（约1米）的水中，并且双脚没有碰到池底。
- 可以用脚先入水，并且用三次划臂游到离入水点5码的地方。
- 在入水时可以避免头部完全浸入水中。

自我评分

1分：可以从身体入水后进行该练习。

3分：可以进行该练习，并保持头部在水面上方。

5分：可以进行该练习，保持头部在水面上方，并且用三次划臂游出5码。

入水和出发练习2　跨大步式跳入水和游泳

像前面的练习一样，该练习可以帮助您学习从码头或船进入水中，立即开始游泳。同样，该练习的目的是保持身体接近水面，并迅速、有效地转换为水平姿势。该练习也同样要求找到泳池中逐步变浅的部分，一直到3.5英尺（约1米）处。这里的区别是，要跨大步进入中，双脚要分开，而不是并拢入水。

在检查水况并确定环境安全后，站在游泳池边（或码头或船），面对游泳的目标方向。从池边跳出去，抬起膝盖，双腿一前一后弯曲，好像跑步那样。在空中时，双臂在身体两侧伸直。入水时，双臂向前扫，以防止继续向前运动，并保持头部露出水面。把胸部向前推，并以最快的速度打腿，让双脚浮到水面。开始游泳。

增加难度

- 从出发台或跳水板尝试该练习。

降低难度

- 从泳池边地面的边缘出发，因为它比船的甲板或码头都更接近水面。

检查结果

- 可以进入3.5英尺（约1米）的水中，并且双脚没有碰到池底。
- 可以用脚先入水，并且用三次划臂游到离入水点5码的地方。
- 在入水时可以避免头部完全浸入水中。

自我评分

1分：可以从身体入水后进行该练习。

3分：可以进行该练习，并保持头部在水面上方。

5分：可以进行该练习，保持头部在水面上方，并且用三次划臂游出5码。

入水和出发练习3　踩水出发

　　很多人自然就会踩水，并且有很多有效的踩水方法。最常见的方法是双手使用水平划水动作，而每次用一条腿进行蛙泳蹬腿。这种蹬腿通常被称为打蛋机式踩水。觉得蛙泳蹬腿比较困难的人可以使用某种交替打腿，也会同样有效。在该练习中，可以使用这些打腿中的任意一种。

　　该练习可以帮助您在水中留在原地，并且为不能蹬离池底出发的情况做好准备。进行该练习时，双手在前面进行划水的动作，让自己保持留在原地，然后打腿，让双腿和臀部上升到水面。您必须弓起背部，以保持头部露出水面，一旦准备好出发，就只需要把脸浸入水中，并开始游泳。

　　找到一个足够深，并且有足够的空间来进行该技能的泳池。跳入水中，脚先入水，并开始踩水。从踩水姿势，用打腿动作慢慢地将双脚带到身后的水面。为了保持平衡，把划水的双手伸到前面，并继续在前面做划水动作。在实现水平后，保持该姿势至少三秒。把脸浸入水中，并开始游泳。

增加难度
- 从甲板跳进水中，尽快实现水平姿势。

降低难度
- 让一个朋友托起您的脚。

检查结果
- 可水平出发，并用三次划臂游出5码。
- 可以轻松、快速地从垂直踩水转换为水平姿势（在不到三秒内）。
- 在水平姿势时，可以保持头部不浸入水中，直到出发。

自我评分
1分：可以在帮助下进行该练习。

3分：可以进行该练习，并用三次划臂游出5码。

5分：可以在跳进深水后进行该练习。

入水和出发练习4　　岸边入水和海豚式潜水出发

在从海滩或者有很长一段浅水区才到较深水域的岸边入水时，可以使用该练习。进行该练习时，要对水底地形有清晰的了解，然后蹚到深度位于脚踝处的水中。继续蹚水，直到水至少齐腰深，然后倾身向前，仿佛蝶泳划水的动作；确保双手在自己前面，然后才蹬离水底。身体向上，站起来并按需要重复，直到进入可以正常游泳的水深。

若在泳池中进行该练习，要找一个无边泳池，或者在浅水中潜过泳道线或漂浮棒。如果是在无边泳池中，要确保它有足够的深度来安全地进行该练习。在海豚式入水的时候，保持双手在头部前面，这样，任何深度变化都先被手感觉到，而不是头。也可以在泳道线或漂浮棒下潜水，就好像有波浪打到岸边那样；在这些波浪上方游泳会浪费能量，所以最好是钻在它们下面。

增加难度

- 用一只脚蹬，同时另一条腿保持向前运动，就好像在陆地上跨步一样。

降低难度

- 每次海豚动作之后都停下。

检查结果

- 可多次进行海豚式潜水，并过渡到游泳姿势。
- 可以多次进行海豚式潜水，无需用双手推池底。
- 可以在入水和出水两个方向进行该练习，即从浅到深及从深到浅。

自我评分

1分：可以进行该练习一次。

3分：可以连续进行该练习至少三次。

5分：可以多次进行海豚式潜水，无需用双手推池底。

导航和察看

由于在公开水域的水底没有游泳池标志供您跟随，要培养相关的技能，让您能够确定自己在水中的方位，这是非常有帮助的。此外，世界上大部分的公开水域只能提供几英尺的能见度（如果那样），这让抬起头来看目标的作用有限，特别是因为这样做会破坏身体姿势。此外，在没有泳池标记提示的情况下，大多数泳手往往会偏向某一侧，从而使导航的问题更复杂，并促使您更频繁地向前看。

这些因素再加上富有挑战性的风、浪或水流，最终您有可能游到一些无法预计的地方。更糟糕的是，标志着公开水域线路的浮标往往都很难看到。因此，在许多情况下，最好是找一个对岸更加突出的标志性建筑，或某些其他固定物体，帮助自己确定在游直线（图9.4）。这里有几个技能和练习，可以帮助您确保自己向着正确的方向游。

图9.4　公开水域游泳，在察看和导航时，最好找到一个突出的标志性建筑

准备

1. 找一个泳道的测量长度至少25码的泳池。
2. 在游泳池的一端，直接站在池底的泳道线上。

执行

1. 闭着眼睛，开始游自由泳，并划臂10次（每一只手臂的动作计为一次划臂）。
2. 划臂10次后停下，双脚放下。如果仍然在线的正上方，那么您可能游得相当直，不需要像一些泳手那样经常察看。
3. 另一方面，如果您偏离了泳道线，偏离的方向决定是哪一侧需要进行修正，您可以复习自由泳那一步的内容，调整某一侧的划水力度或频率。

错误
游25码后就筋疲力尽。

修正
您可能察看得过于频繁。这样做会导致您不断启动和停止，这需要更多的能量。稍微降低察看的频率。

错误

结果是偏离线路很远。

修正

转换泳姿，并确保自己全过程都在线上。这使得至少在一种泳姿中所使用的肌肉可以稍微恢复。也许，如果您发现自己往往会偏向一侧，则稍微更频繁地察看并补偿。

转换练习

下面的练习不仅帮助您在比赛过程中察看，还可以在求生状况下让不同的肌肉参与。在这两种情况下的关键都是要以最小的能量消耗来执行技能。

转换练习1　自由泳到蛙泳的转换

如第5章中提到的，蛙泳是最慢的竞技泳姿，但它有一些优势。除了每次划臂都可以呼吸外，还可以向前看，当您需要快速检查自己在哪里，同时继续前进的时候，这当然是非常有用的。总之，蛙泳让您可以很快地看一眼（例如，浮标或地标）并获得一点空气。在进行该练习时，游七次自由泳划臂，然后三次蛙泳划臂，再回到自由泳。

增加难度

● 游多个练习循环。

降低难度

● 在每次转换之后停下。

检查结果

● 可以进行该练习，转换一次到蛙泳，再转换一次回到自由泳。
● 可以进行多个练习循环。
● 可以进行多个练习循环，中间没有停下。

自我评分

1分：可以进行该练习一次。
3分：可以连续进行该练习至少三次。
5分：可以多次进行该练习，没有停顿。

转换练习2　自由泳到仰泳的转换

从自由泳切换到仰泳也有一些好处。首先，您可以在脸露出水面时呼吸多一点，您也可以清理泳镜，或让在自由泳中使用的疲劳肌肉休息一下。其次，您可以快速回头一看，看看自己的位置，跟踪进度，并检查方向。

在进行该练习时，进行七次自由泳划臂，然后翻转身体，进行三次仰泳划臂，然后再回到自由泳。在其中一次自由泳划臂过程中抬起头是没问题的，可以看看竞争对手，或者（在比赛或求生的情况下），看看自己在哪里，以判断水流。

增加难度

- 游多个练习循环。

降低难度

- 在每次转换之后停下。

检查结果

- 可以进行该练习，转换一次到仰泳，再转换一次回到自由泳。
- 可以进行多个练习循环。
- 可以进行多个练习循环，中间没有停下。

自我评分

1分：可以进行该练习一次。

3分：可以连续进行该练习至少三次。

5分：可以多次进行该练习，没有停顿。

转换练习3　泳镜冲浪

这是一个很好的练习，有助于在较平静的水中掌握自由泳。在进行该练习时，只需在抱水过程中稍微往下压，那么，就只有泳镜会露出水面，从而使您可以快速地看一眼。侧面呼吸仍是独立于窥视的动作。该练习可以让您找出泳镜的最佳高度，并找到自己的节奏。

首先，划臂三次，然后抬起头，让头部完全露出水面，确保连下巴都露出来。重复这个步骤，前进25码。现在再做一次这个练习，但这次抬头的时候，只有嘴和鼻子露出水面。然后试试只让泳镜露出水面。您应该注意到，只是让泳镜露出水面呈冲浪状会更容易，并且可以让您不会在水中停下。每次重复中，在察看之后，都要将胸部向下压，以恢复水平位置的平衡，避免必须用打腿来回到水平姿势。这种起伏动作也可以保持您的动量。

您多久需要看一次呢？如果您完成了前面所述的闭上眼睛的导航和察看练习，就应该对这个问题的答案心中有数了。多试几次，以确保知道最适合自己的频率。

增加难度

- 游多个练习循环，中间不要停顿。

检查结果

- 可以用所有三种泳姿完成该练习。
- 可以进行多个练习循环。
- 可以进行多个练习循环，中间没有停下。

1分：可以进行该练习一次。

3分：可以连续进行该练习至少三次。

5分：可以多次进行该练习，没有停顿。

集体游泳

在公开水域游泳中最有用的工具之一就是拖后的能力。集体游泳（图9.5）涉及到大量身体接触，在水中为您留下的空间往往很少。正如在自行车赛事中，参赛选手作为以组移动，每个人都试图找到合适的位置，以获得优势。另外，像自行车赛那样，拖后给泳手一点点额外的提升力，使游进更容易一些。另一个好处是，这样可以让别人导航——假设他（或她）会游直线！

与自行车赛不同的是，理想的游泳拖后在侧后方，而不是在正后方。想想鹅群的飞行方式就可以大致明白。目标是将头部控制在领头泳手的臀部和脚踝之间；具体的定位取决于泳手的身材、体形、速度和游泳中的实际条件。

图9.5 在集体游泳中，您会触碰到其他泳手，因此，学习如何拖后很重要

为了练习这一技巧，您和一位朋友或训练员都要离开池壁，让你的朋友或训练员先离开。按前面介绍的定位，找到可以自由泳划臂足够长而且顺畅的位置。在流体与其他物体之间的边界层中，水流出和对抗的速度会产生各个方向的力。如果您能通过足够长而且顺畅的划臂来最大限度地减少能量消耗，同时保持速度，那么您就找到了一个良好的拖后位置。在左右两侧都进行尝试，直到确定自己最喜欢哪一侧。

准备

1. 找到两名泳手来帮助您学习这个技能。
2. 确保有一条空闲的泳道可以供您练习该技能。
3. 确保没有泳手从另一个方向游过来。

执行

1. 首先让第一位泳手游到泳道中间。
2. 等待一两秒后，第二和第三名泳手可以同时在任一侧开始出发。
3. 拖后位置稍微偏向一侧，就像鹅群飞行时采用的梯队。
4. 最好的拖后位置是，头部在领头泳手的臀部和脚踝之间的某处。
5. 在该区域中前后调整自己的拖后位置，直到可以感觉到拖后的好处。

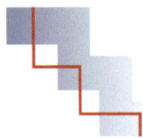

错误

结果水溅到脸上，并且不断吞水。

修正

换一侧。

错误

被领头泳手的脚踢到脸。

修正

您越过了正确的位置范围，应向上和向旁边移动一点，而不是跟在领先泳手的正后方。

集体游泳练习

拖后在游泳中比在自行车赛事或汽车赛事中更加微妙。定位也不同。在自行车赛事或汽车赛事中，理想的拖后位置往往是在领先的车手正后面，但在游泳中却并非如此。在游泳中，泳手可能会偏向一侧。使用下面的练习来提高定位和拖后技能。

集体游泳练习1　三人拖后

在一个25码的游泳池中，与另外两名泳手合作练习。一个紧接着一个出发，并让第二和第三名泳手进入拖后位置。每25码换一次领先泳手。您可以使用一个V形，拖后者分别在领先泳手的两侧，泳手2跟随领先泳手，而泳手3跟随泳手2。

增加难度

- 游至少75码，中间不停顿。

降低难度

- 每25码之后停下。
- 穿上脚蹼。

检查结果

- 可以进行该练习，所有三名泳手轮流做领先者。
- 可以进行多个练习循环。
- 可以进行多个练习循环，中间没有停下。

自我评分

1分：在拖后时可以进行该练习一次。

3分：在领先时可以进行该练习一次。

5分：在任何位置都可以多次进行该练习。

集体游泳练习2　滚身

如果您偏好在其中一侧拖后，该练习会有帮助，因为它可以帮助您学会从领先泳手的一侧换到另一侧。在进行该练习时，首先向内滚身，并在扭转身体运动中进行一次仰泳划臂。当仰泳手臂伸向抱水时，身体宽度与领先泳手匹配，在完成滚身后，下一次划臂就在另一侧。换句话说，根据自己在哪一侧启动，要么用左手做一次仰泳划臂，并用右手划臂滚身到俯卧姿势，要么反过来。

这个动作让您在不损失动力的情况下换到领先泳手脚的另一侧。这需要一些技巧，在公开水域环境中尝试之前，应该先在泳池中练习。

增加难度

- 游至少75码，中间不停顿。

降低难度

- 每25码之后停下。
- 穿上脚蹼。

检查结果

- 可以进行该练习，三人都做领先者。
- 可以进行多个练习循环。
- 可以进行多个练习循环，中间没有停下。

自我评分

1分：可以进行该练习一次。

3分：可以从任意侧进行该练习。

5分：在任意侧都可以多次进行该练习。

改变方向

大多数公开水域游泳都要求转弯，或至少会要求改变方向。能这样做而不失去动力就是一种艺术了。在游自由泳时，人体并不能侧向弯曲非常多；人体非常善于做弯腰向前的动作。虽说如此，但比较有效的一种转弯是，一次仰泳划臂，然后再弯腰，这样上半身就指向在转弯后的目标方向。双腿会跟随而去。这种技术可以让您改变方向而不会破坏节奏，能够摸到自己脚趾的泳手可以利用它实现多达180度的方向变化。

另一种有效的转弯是单臂转弯，这是一种比较保守和平坦的方法。在进行此类转弯的时候，将内侧手臂伸在前面，并将手掌垂直，使它发挥舵的作用。用另一只手臂划臂，直到完成转弯。内侧手臂较接近浮标，而划水臂则离它较远。

请按照以下步骤练习改变方向。

准备

1. 找到泳池中较宽的部分。
2. 使用临时浮标（例如，固定在池底的气球）或让一名同伴泳手站在浅水区充当浮标。

执行

1. 在离浮标至少15码处开始。
2. 开始游自由泳，并至少看一次浮标。
3. 到达浮标后，双手一起向前伸出去。
4. 内侧手臂伸出，将手转到垂直位置。
5. 那只手的手指指向目标前进方向。
6. 用另一只手臂快速划臂。
7. 一旦完成转弯，就继续如常游泳。

错误

不得不在浮标处停下，或掉头向相反的方向游。

修正

请记住，在停下之后再次开始游泳是需要更多能量的，所以即使转弯转大了，也只需继续游就行了。

错误

被领先的泳手挤出转弯道。

修正

在转弯时换到另一侧，或在下面躲避。

转弯练习

因为我们的身体更难以侧向弯曲，在没有任何辅助情况下保持平坦，将只能进行非常大范围的转弯。下面的练习帮助您学习必要技能，实现最高效率的转弯。

转弯练习1　滚身转弯

　　这是一个很好的转弯练习。在没有泳道线的浅水或深水端，让搭档站在水中或踩水，充当浮标；或者，如果可以撤掉泳道线，只需使用一个重物将气球固定在池底。请务必为转弯留下足够的空间。从外侧手臂向内滚身到仰卧姿势，以便于弯腰并进行一次仰泳划水。针对左、右转弯均练习这个技能。

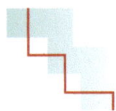

增加难度

- 围绕浮标沿一个方向游，然后立即向另一个方向重复。
- 转弯大于90度。

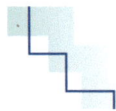

降低难度

- 每次转弯之后停下。
- 穿上脚蹼。

检查结果

- 可以进行向左右两侧转弯。
- 可以进行转弯，并且没有破坏节奏。
- 可以轻松地进行多次转弯，并且没有破坏节奏。

自我评分

1分：可以向一侧进行该练习一次。

3分：可以向任意一侧进行该练习一次。

5分：可以向任意一侧多次进行该练习。

转弯练习2　单臂转弯

　　若您总是需要察看或者较难适应滚身转弯练习，这个练习可以帮助您有效地绕浮标转弯。在没有泳道线的浅水或深水端，让搭档站在水中或踩水，以充当浮标；或者，如果可以撤掉泳道线，只需使用一个重物将气球固定在池底。用前面的手臂和手（内侧，最接近浮标）为舵，引导自己绕过浮标，同时使用另一只手臂划臂。针对左、右转弯均练习这个技能。

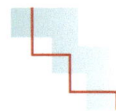

增加难度

- 围绕浮标沿一个方向游，然后立即向另一个方向重复。

降低难度

- 每次转弯之后停下。
- 穿上脚蹼。

检查结果

- 可以进行向左右两侧转弯。
- 可以进行转弯，并且没有破坏节奏。
- 可以轻松地进行多次转弯，并且没有破坏节奏。

1分：可以向一侧进行该练习一次。

3分：可以向任意一侧进行该练习一次。

5分：可以向任意一侧多次进行该练习。

完成和出水

无论您是完成比赛后出水，或在求生环境中游泳，关键都是要节约能量。习惯于使用节能式两拍打腿的泳手经常会发现，身体将所有的能量都导向上半身中负责最多运动的肌肉。出于这个原因，竞技类公开水域游泳运动员和铁人三项运动员都经常会下半身抽筋，并在回到陆地上时难以保持平衡。考虑到这一风险，重要的是也要让血液循环和能量流向下半身——因为不管您是如何离开水的，都需要使用双腿来走路或跑步。

许多竞技游泳和铁人三项运动员的另一种危险会在他们绕最后一个浮标转弯后出现。此时，他们会不太考虑察看周围情况，而只向着岸边疯狂冲刺，这可能导致他们因导航不好而游得太远，浪费能量。在这个阶段还有一点很重要，就是保持节奏，防止游得太远或在比赛结束前进入缺氧状态，迫使自己减慢速度。

出　水

出水将因路线而有所不同，有些是斜坡出水，而另一些则只是游向岸边。从几个方面来说，出水与入水类似。首先，您必须确保自己要到达一个目标。知道哪里是终点，从最后一次转弯到终点的距离是多少，这将会有帮助。

第二个方面是，打腿很重要。在公开水域比赛开始时，许多泳手使用快速打腿节奏，以离开人群。之后，他们可能会稳定在较慢的两拍或四拍打腿，以节省能量。这样做的问题是，身体的过多能量消耗集中在上身，因为腿部不需要太多能量。因而此时重要的是，要记住重新打腿，以增加流向下肢的血流量。

错误

跑上海滩，马上出现腿抽筋。

修正

在游泳的最后阶段，要确保打腿，让更多的血液循环回腿部。

错误

在到达出水处之前不得不停下来寻找。

修正

在最后一次转弯时察看几次，并在随后冲向终点的路上察看几次，以确保自己没有偏离路线。

出水练习

根据不同的方法，当水变得稍浅，但仍然相对较深，无法有效地跑步时，做几次海豚式潜水（图9.6）可能会有所帮助。这与入水部分的技能相同，只是在浅水区，您要先进行海豚式潜水，然后跑步。

图9.6　海豚式潜水

公开水域出水练习　海豚式潜水离开

与海豚式潜水入水一样，在离开海滩或从深水到浅水距离较长的海岸时，可以使用这种技术。

在开始往可以触到底的浅水区游泳时，继续游到岸边，直到水浸过大腿的深度。倾身向前，仿佛蝶泳划水的动作。确保双手在自己前面，然后才蹬离水底。身体上，站起来并按需要重复，直到进入可以站起来轻松走路的浅水。

增加难度

- 用一只脚蹬，同时另一条腿保持向前运动。

降低难度

- 每次海豚式潜水之后停下。

检查结果

- 可多次进行海豚式潜水，并过渡到跑步。
- 可以多次进行海豚式潜水，无需用双手推池底。
- 入水和出水都可以进行该练习。

自我评分

1分：可以进行该练习一次。

3分：可以连续进行该练习至少三次。

5分：可以多次进行该练习，无需用双手推池底。

求生游泳

侧泳虽然不是一种竞技泳姿，却是在公开水域游泳和求生游泳中应掌握的一种很好的泳姿。它让您可以将脸露出水面呼吸，并使用有力的剪刀式打腿。像蛙泳那样，它几乎平等地从划臂和打腿获得推进力。顾名思义，侧泳是侧身完成的；一侧的肩膀和手臂朝着池底，另一侧的肩膀露出水面，而手臂的大部分是浸没在水中的。正如本书中所讨论的其他泳姿那样，掌握侧泳的最佳方式是分别掌握它的各个元素，然后把它们组合在一起。

侧泳打腿

侧泳采用剪刀式打腿（图9.7），它与交替打腿的区别在于，双腿分开的距离很大，并且泳手是侧身姿势。要进行剪刀式打腿，需将膝盖抬向胸部，从而让腿更靠近身前的水面。更接近池底的腿向后伸，使您几乎呈侧身的跨步式姿势。接下来，让双腿并拢，同时伸直被抬向胸部的腿。在自己楔子式前进时，应该在上腿的后面和下腿的正面感到压力。

图9.7 侧泳打腿

准备

1. 确保有足够的空间练习该泳姿。
2. 入水，并以中立姿势俯卧。

执行

1. 一只手臂伸直，旋转到侧面，另一只手臂向下扫，使其最接近水面，并且脸转出水面。
2. 双脚大幅分开，成剪刀状，并将它们夹在一起。
3. 在滑行一两秒之后，用相同的姿势重复打腿。

错误

保持双腿伸直，只是来回移动它们。

修正

在分开呈跨步式姿势时，两个膝盖需要弯曲。动作的力量必须是向后的，以提供向前移动的推进力。

错误

大腿向后，而小腿向前。

修正

这样的效果不会明显，应该翻转呈仰卧姿势。请一定要让大腿向前。

侧泳扫臂

侧泳的扫臂（图9.8）包括一连串动作。肘部弯曲，伸直的手臂向下扫到大约身体中部；而最靠近水面的手臂则沿着身体向上伸展。双手相遇时，最靠近水面的手臂向后推，回到大腿处，而另一只手臂向前伸。很多游泳运动员受益于使用一个心理意象：伸手摘苹果，然后将它转移到另一只手，将它放进在臀部的口袋里。

图9.8 侧泳扫臂

准备

1. 确保有足够的空间来练习该泳姿。
2. 入水，并以中立姿势俯卧。

执行

1. 一只手臂伸直，旋转到侧面，另一只手臂向下扫，使其最接近水面，并且脸被转出水面。
2. 用扫的动作，将更靠近水底的手臂拉向胸部。
3. 同时，将上方的手臂和手伸向前，与下方的手臂相遇。
4. 当双手相触时，翻转上面手臂的手，向身体侧面下方的水施压。
5. 在这样做的时候，下方的手臂向前伸到起始位置。
6. 重复。

错误

前面的手一直在溅水花。

修正

请记住，手向前滑动，而不是伸出水面。

错误

把前面的手向下推，而不是向后推，以帮助抬起头。

修正

这是一种常见的错误，泳手想以此来让头部位置更高；但是，记住把头靠在前面的手臂上，再向后扫。

完整的侧泳

把这些技能组合在一起成为侧泳的过程与蛙泳非常类似，手臂和腿的动作在某种程度上都必须是独立的。要最有效地利用有力的打腿，就要在整个人伸展的时候进行，前面的手臂要伸出去，所以要耐心等待。当双腿复位以再次打腿时，应该通过划水和划臂的推进力来维持动量。请进行下列完整侧泳的练习。

准备

1. 请确保有足够的空间来练习该泳姿。
2. 入水，并以中立姿势俯卧。

执行

1. 一只手臂伸直，旋转到侧面，另一只手臂向下扫，使其最接近水面，并且将脸转出水面。
2. 双脚大幅分开，呈剪刀状，并用双脚一起扫水。

3. 滑行一两秒后，用扫的动作，将更靠近池底的手臂拉向胸部。

4. 同时，将上方的手臂和手伸向前，与下方的手臂相遇。

5. 当双手相触时，翻转上面手臂的手，向身体侧面下方的水施压。

6. 在这样做的时候，下方的手臂向前伸到起始位置。

7. 重复，在返回后再次从打腿开始。

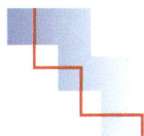

错误

在打腿时用手抓水。

修正

记住要先将手向前滑，然后再打腿和滑行。

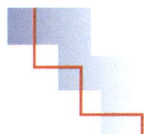

错误

同时划水和打腿，并且一直往下沉。

修正

将头靠在前面的手臂上，然后打腿。慢慢呼气并滑行。将脸转出水面，然后再次划水和打腿。

初级仰泳

虽然初级仰泳（图9.9）不是一种竞技泳姿，但它是一个有效的公开水域游泳方式，对于求生游泳也是一种很好的泳姿，因为它使您能够花费最少的精力去推动自己。此外，脸总是露出水面，使您能够轻松地呼吸。练习该泳姿时，以仰卧方式结合手臂推水和蛙泳蹬腿。与蛙泳不同的是，在这种泳姿中，手臂和腿的动作几乎是同时发生的。请确保双臂全过程留在水中。在泳池中练习这种泳姿时，请确保仰泳标志旗在正确的位置，或让朋友在一旁观察，以防止您撞到池壁。

图9.9 初级仰泳

准备

1. 请确保有足够的空间来练习该技能。
2. 确保仰泳标志旗在正确的位置，或让朋友在一旁观察，以防止您撞到头。

执行

1. 就像在蛙泳中那样，在该泳姿中，每一个动作都是独立的。首先仰卧漂浮。
2. 拉起双臂，双手收于身体两侧。
3. 当肘部与肩部处于一条直线时，掌心向下，双手向外扫。
4. 从T形姿势，手掌旋转至垂直位置，并且双手向下扫向身体两侧。
5. 在因这个动作产生的滑行中抬起脚跟，然后脚趾指向外，如蛙泳。
6. 脚背抓水，并且双脚扫水并拢。
7. 当您完成打腿时开始下一次手臂周期。
8. 如果蛙泳蹬腿不熟练，可以替换为交替打腿。

错误

双手向下推，而不是横向地推向大腿。

修正

这种动作会导致您在水中"弹起"，并有可能在双手复位时让脸沉到水中。推水时一定要向着大腿做扫的动作。

错误

双腿向外蹬，并且膝盖抬得太高。

修正

这个动作导会致水冲到脸上，并且提供推进力极为有限。相反，应确保两小腿一起发力推水，此时小腿内侧与脚背会感受到压力。

游，浮，游

这个策略是一个简单方法，防止您在游长距离的情况下筋疲力尽，或在紧急情况下累倒。只需游出在前面的步骤中学到的其中一种泳姿，然后滚身为仰卧姿势，并以中立姿势漂浮休息。然后，再滚身回来继续游泳。当再次感到疲劳时，重复这个过程。

为了练习这个过程，游到自己觉得累了，然后翻转到漂浮（图9.10）。恢复后，就继续游泳。在几百码的距离内多次练习这个技能，会增加在公开水域中游泳的信心。

图9.10 正确的漂浮技术

准备

1. 请确保有足够的空间来练习该技能。
2. 确保在泳道中只有您一个人，没有泳手从另一个方向游过来。

执行

1. 在泳道的一端开始游自由泳（或蛙泳，或侧泳），划臂七次。
2. 滚身为仰卧姿势，并采用在第1章和第2章中所述的中立仰卧漂浮姿势。
3. 在水面上休息5至10秒。
4. 一只手臂伸过身体，恢复正常游泳。
5. 视需要多次重复，以熟悉动作顺序。

错误

游到累了，然后踩水。

修正

这种方法可能有些效果，但休息得较少，因为踩水是一项需要运动的水中技能。

209

求生游泳练习

求生游泳是一系列特殊的技能，经过练习并掌握它之后，不仅可以增加游泳乐趣，也有可能挽救您的生命，在这个意义上，它与任何其他种类的游泳很相似。下面的练习是为了增强您花尽可能少的力气去执行每个技能的能力，以便在紧急情况下可以节约能量。

求生游泳练习1　使用浮板的剪刀式打腿

在水中保持侧身姿势，将浮板放在水中，一只手臂伸直放在浮板上，另一只手臂放在身体旁边。头靠在伸直的手臂和浮板上，多次练习剪刀式打腿。在左右两侧都尝试这个练习，您可能会发现其中一侧会更容易。

增加难度

- 只是用手握住浮板，而不是将整只手臂都放在浮板上。

降低难度

- 在最初几次尝试时，让朋友或教练将您的臀部托住。

检查结果

- 可以保持臀部垂直。
- 在每次打腿后可以滑行较长距离。

自我评分

1分：可以在一侧进行该练习，完成15码。

3分：可以在一侧进行该练习，完成25码。

5分：可以在任意侧进行该练习，完成25码。

求生游泳练习2　网球

进行这个练习需要有一个搭档进入浅水，并伸展为侧泳姿势。现在，让搭档递给您一个网球，您要用前面的手将球交给下面的手。在放开球之后，用另一个球重复该过程，以此类推。大约需要四到五个网球。在做这个练习时，最好用夹腿浮标提供支持，也可以打腿。

增加难度

- 使用更小的球，比如乒乓球。

降低难度

- 在最初几次尝试时，让朋友或教练将您的臀部托住。

检查结果

- 可以保持臀部垂直。
- 可以进行该练习，并且没有漏接球。

自我评分

1分：可以在一侧进行该练习，完成15码。
3分：可以在一侧进行该练习，完成25码。
5分：可以在任意侧进行该练习，完成25码。

求生游泳练习3　滑行

这个练习可以帮助您掌握时机，并把技能组合在一起。进行该练习时，进行一次打腿，前面的手臂尽量向前伸展，并滑行直到停下。此时，进行一次划臂，让腿复位，并向前移动。共重复五次打腿。

增加难度

- 在两侧都尝试该练习。

降低难度

- 使用脚蹼。

检查结果

- 可以保持臀部垂直。
- 在做练习时可以保持头部在水面上。

自我评分

1分：可以用5次打腿前进15码。
3分：可以用5次打腿前进20码。
5分：可以用5次打腿前进25码。

求生游泳练习4　只用手臂

　　这是一个很好的练习，帮助您习惯初级仰泳的手臂动作。进行该练习时，使用夹腿浮标来帮助保持下半身浮起来，让您可以专注于手臂动作。完成一次完整的划臂，然后滑行，直到完全停止。重复5次，看看能前进多远。

增加难度

- 在不使用夹腿浮标，并且不打腿的情况下尝试该练习。

降低难度

- 使用多个夹腿浮标。

检查结果

- 可以保持脸向上且平躺在水面上。
- 在做练习时可以保持头部、胸部、髋部和双脚都在水面上。

自我评分

1分：可以用5次划水前进15码。
3分：可以用5次划水前进20码。
5分：可以用5次划水前进25码。

求生游泳练习5　游，浮，游

　　该练习提供了一种长距离游泳的有效练习方法。进行该练习时，至少游75码自由泳，然后滚身，浮20秒。滚身回去，游至少75码蛙泳，然后再滚身，再休息20秒。用自由泳再次重复，并继续这种模式，直到总共游完至少450码！

增加难度

- 尝试只用自由泳和漂浮完成该练习。

降低难度

- 结合其他类型的泳姿（例如，初级仰泳）。

检查结果

- 可以保持脸向上且平躺在水面上。
- 可以轻松完成完整的过程，从泳姿切换到漂浮，再切换回泳姿。

自我评分

1分：可以前进225码。
3分：可以前进300码。
5分：可以前进450码。

成功摘要

从重要性来讲，公开水域游泳类似于游泳池游泳，但前者涉及更多的技能，使其在某些方面的差异很大。环境方面的考虑因素以及游泳场地的许多不可控因素，使公开水域游泳特别具有挑战性；因此我们也更加需要谨慎和密切关注安全性。

自我评分

如果您得到至少45分，那么您就已经完成了这一章。如果您得到46 ~ 60分，那么您进展得不错，并有可能享受将公开水域游泳作为休闲方式。如果您的得分超过60分，那么您已经掌握了将自己的游泳技能发展到更高水平的关键要素。

入水和出发练习
1. 紧凑式跳入水和游泳   ____ 总分5分
2. 跨大步式跳入水和游泳   ____ 总分5分
3. 踩水出发   ____ 总分5分
4. 岸边入水和海豚式潜水出发   ____ 总分5分

转换练习
1. 自由泳到蛙泳的转换   ____ 总分5分
2. 自由泳到仰泳的转换   ____ 总分5分
3. 泳镜冲浪   ____ 总分5分

集体游泳练习
1. 三人拖后   ____ 总分5分
2. 滚身   ____ 总分5分

转弯练习
1. 滚身转弯   ____ 总分5分
2. 单臂转弯   ____ 总分5分

公开水域出水练习
海豚式潜水离开   ____ 总分5分

求生游泳练习
1. 使用浮板的剪刀式打腿   ____ 总分5分
2. 网球   ____ 总分5分
3. 滑行   ____ 总分5分
4. 只用手臂   ____ 总分5分
5. 游，浮，游   ____ 总分5分
总计   ____ **总分85分**

第10章 持之以恒

您 现在已经踏出了游泳之旅的第一步。如果您遵循本书中的步骤，已在水中找到了更大的信心，现在不论是为了休闲还是比赛，都是时候继续探索了。

该过程的第一部分涉及寻找可以定期游泳的地方。许多公园和娱乐场所的泳池至少保持季节性地对公众开放。其他地方包括基督教青年会（YMCA）、女青年会（YWCA）、犹太社区中心（Jewish Community Centers）、健身俱乐部、游泳俱乐部、学校、卫生和健康中心。关键考虑因素包括日程安排、设施的质量、人员，当然，还有成本。

该过程的下一个部分是，练习您已经掌握的技能并继续取得进步。游泳运动依赖于基于技能的动作，从头开始，复习已经完成的部分，看看自己在哪些方面能做出改进，这往往是有帮助的。现在，您已经完成了整个过程，并且在水中的信心已达到新的水平，最好就是回过头来复习每一步，并确保在自己的最高能力水平上正确完成并执行它们。

设定目标

设定目标对于任何健康的生活方式来说都是一个重要组成部分，无论是为了健身、休闲，还是为了比赛，都要设定目标。无论您针对的是哪个生活领域，目标设定都会让您有了方向和重点。它会影响您的决策，不仅仅是如何度过锻炼时间的决策，还有生活其他方面的决策，比如饮食以及休息。

如果您纯粹是有兴趣以游泳作为保持健康或健身的方式，那么您可能会认为，目标设定对于生活的这一方面并不重要。然而，远非如此。健身目标确实往往具有与竞技性目标不同的特点，但无论如何，它们仍然是目标。这里列举几个健身目标的例子：降低心率、减肥、感觉更好、让衣服更合身以及交叉训练。

其他体育项目的运动员也可以使用游泳来补充其常规训练计划或作为受伤后的康复。事实上，有很多运动医学和康复方法都使用水作为让人们恢复运动能力，或只是回到正常生活模式的一个途径。此外，越来越多的医师都将锻炼作为从各个层面提高健康水平的途径。

对于休闲泳手来说，目标比较容易量化，因为它们往往涉及距离或时间，或两者兼而有之。许多休闲泳手也试图完成一次铁人三项，或者只是希望能够游出一定距离，或游一定的时间。这些泳手需要设定一个目标，让自己起床晨练，或帮助自己在下班回家的路上一定要顺便去游泳池。还有一些例子，某人设定的目标可能会是获得潜水认证，或变得足够健美，以紧跟自己积极活动的同伴的步伐。此类泳手还会设定的目标有，在水中更舒适地游泳，并且使其动作更高效。

如果您觉得自己非常擅长某种泳姿，那么您可能会希望参加比赛。竞技目标往往会被密切关注，并且不同游泳运动员的目标会有非常大的差异。例如，一些泳手的目标是在当地铁人三项比赛的游泳部分中做得更好，而另一些则希望在公开水域或游泳池的赛事中参加比赛。最好、最明确的目标以可衡量的标准为基础，比如，在特定的时间和距离内进行某种特定的泳姿。这种类型的目标与仅仅设定要获胜的笼统目标是完全不同的。

如何把它做好

无论是健身、休闲还是竞技型泳手，目标都应该具有挑战性和激励性。很多人都发现，如果使用以缩写SMART为基础的体系，可以建立更有效的目标。

SMART中的S代表具体（specific），这意味着目标应包括关于活动、时间、地点和要求的有意义细节。模糊的目标可能像这样："我要开始游得更多。"相反，更具体的目标可能会像这样："我要每周游三次以上。"这种具体性对于健身、休闲和竞技游泳都有用。

SMART中的M代表可衡量（measurable）。设定可衡量的目标可以帮助您学会承担责任，并在达到您的里程碑时让您有成就感，从而起到激励作用。这里的关键是要确定，要衡量什么。例如，健身泳手可能会追踪游泳次数，休闲泳手可能会追踪覆盖距离，而竞技泳手可能会追踪时间。

A代表可实现（achievable）。你可能认为自己可以完成下定决心要做的任何事情，这可能是鼓舞人心的，但是，在实现长期的雄心壮志的过程中设置可实现的短期目标，这往往会更有效。在追求更大的目标的过程中，将可实现的一个个小目标作为里程碑。更好的一点是，实现有意义的目标的频率越高，在培养技能、个人素质、心态和习惯方面的效果就越好，这也就越容易引领您实现更大的目标。

R代表现实（realistic）。在设定目标时，应保持对自己诚实。例如，如果您刚开始游泳，并已掌握了在本书中介绍的所有泳姿，那么您可能会设定一个现实的目标：在未来一年内连续游一英里（约1.6公里）。举一个不现实的目标的例子：试图在未来六个月内入选美国国家游泳队。当然，这是一个夸张的例子，但事实上，设置一个现实的目标需要一定的技巧。若目标太容易，就没有挑战性；因此，您的目标可能会成为空谈。若目标的挑战性太大，可能会让您在过程中有挫败感，并将目标转移到别的东西上。

最后，T代表时间（time），也就是说，要确定实现自己的目标的具体时间范围。这是目标的其中一个部分，比如让您在寒冷的早晨起床，或激励您在午餐时挤出时间去游泳。通常，您一段时间后会很高兴这样做的，但我们很多人可以找到理由不去做明知道对自己有好处的事情，以换取多10分钟的睡眠，或多吃一块比萨饼，或多吃一勺冰淇淋。要知道，这些东西在适当的地方并不一定是坏事，但有了限定时间的目标之后，您就会专注于自己想实现的内容，以及要完成的时间。简单地说"我要减肥"，在时间方面是没有实际意义的，但是，"我想在1月1日前减掉五斤"就把目标与时间挂起钩来，这更可能会改变自己的行为习惯。

跟进目标

在实现一个目标之后，下一步怎么走？在竞技游泳中，答案很简单，因为下一个目标总是可以按时间设定的。相比之下，健身和休闲类的泳手可能会侧重于更频繁地去游泳，甚至想去参加游泳比赛。不管如何设计这个目标框架，在实现当前目标时，就要准备好下一个目标。此外，要留出时间来庆祝自己的成就。奖励和认可是非常有激励性的，尤其是内在的回报。

确定计划

计划有很多种，正确的选择取决于您的目标。例如，如果您是一个健身或休闲泳手，计划可能不需要很复杂的结构；事实上，您可能会对自己能够完成一切产生很大的满足感。但是，由于这项运动的技术特性，大多数人都需要一个后勤团队或训练计划来帮助他们坚持下去。许多大都市地区都有针对不同群体的游泳计划；较小的地区的选择可能会少一点。在这两种情况下，都有一些问题可以帮助您决定是否选择某个计划或继续靠自己。

两大考虑因素是计划的时间表和计划的结构。如果计划的时间表不适合您，也不一定就要离开机构。问问工作人员是否可以考虑提供更适合您的时间安排的计划。很多游泳运动员只是接受公布出来的时间表，如果它不适合自己就直接离开，但有时，机构的管理人员其实不知道有不同时间段的需求。如果有不少泳手都可以在您选择的同一时间出现在泳池训练，就可以去要求管理人员开始一项新服务，或扩展现有的服务。

计划的结构也是一个考虑因素。有些计划只有一个锻炼领头人，他只是游泳锻炼，且提供的反馈。另一些计划可能会提供更多指导，在水中或在池边有一位老师可以给出个人反馈，真正帮助学员提高。还有一些计划在池边有全职专业教练，从锻炼和泳姿两个方面去帮助学员提高。最具指导性的因素当然是课程环境。利用本书仔细回顾自己的体验，可以帮助您确定哪些类型的计划最适合您的需求和目标。

选择教练或导师

这个过程涉及许多因素，它们都以您为中心；事实上，游泳计划的存在并不是因为教练和导师，而是因为泳手。与在任何行业一样，教练和导师的水平良莠不齐。此外，对一个泳手有效的，可能并不适合另一个泳手。您的选择应该尽可能由自己的目标和熟练程度决定。

对于任何游泳运动员来说，对计划、教练或导师的了解应始终从对话开始。如果您是游泳池边的新面孔，那么您可以期望参与计划设计的教练会来跟您打招呼。希望这个人会和您简短的面谈，并询问您的游泳背景。最好让教练或导师可以真正了解您想要和需要的东西。

提出很多问题也是一个好主意。下面是一些例子：您的执教理念是什么？您如何让新人融入这个集体？参加该项目的费用是多少？至于计划内容，有些教练和导师采用以锻炼为导向的方法，而另一些则更注重指导。这两种方法不一定说哪一种更好；这取决于您的目标。

对于如何才算好的教练或导师，每个人都可能有不同的想法，但在任何体育项目中，所有优秀教练都具体某些特征。首先，他们不仅关心这项运动和最高级别的运动员，他们还会帮助他们遇到的每一位运动员（无论级别或目标）去热爱这项运动，并不断寻求提高。他们把精力投入到每一位运动员身上，以及每一节训练课中，同时还努力地使自己更好。这就是教练的坚韧精神。如果一种方法不起作用，他们会尝试另一种，不断改变方法，直到在每个运动员身上获得成功。他们也不会害怕寻求同事的帮助；其实，最好的教练总是会这样做。他们致力于帮助运动员实现其目标，这就是他们自己会获得成功的原因。您在哪里可以找到这些计划和教练呢？请继续阅读。

游泳资源

要进入更广阔的游泳世界，旅程的下一个部分是寻找资源，帮助您成为更好的泳手。当然，美国人体运动出版社所提供的一些资源属于水上运动部门的一部分。还有多媒体资源，如视频和其他教学媒体。忠告：大多数人都可以在网上"发布"任何东西，这意味着您在选择游泳教材时需要有批判的眼光。最有信誉的指导资源是致力于水上运动的国家管理机构，在水上运动界中从很年轻成长到资深的成员。通过这些组织，您可以找到无数的资源，包括个人教练。

美国游泳协会（USA Swimming）是一个管理机构，在美国管理从8岁以下年龄组一直到包括奥运会在内的精英级国际比赛的游泳项目。美国游泳协会主要由志愿者管理，考虑到该组织在地理区域上的结构划分，可以通过当地游泳委员会（LSC，Local Swimming Committees）来联系美国泳协。如果您想寻找参加非常高水平的比赛的途径，或希望联系这种级别的教练，只需访问美国游泳协会网站，它将帮助您与当地资源联系，以继续自己的游泳旅程。

美国大师游泳协会（U.S. Masters Swimming）致力于通过水上运动为18岁及以上的成年人提供健康、保健、健身和比赛。寻求资源（例如，锻炼计划和额外的指导）的成年人可以在这里看看，找到在他们当地各个级别的水上运动计划。与美国游泳协会一样，该组织也依靠志愿者，并以相同的方式运作——即，通过本地大师游泳委员会（LMSC，Local Masters Swimming Committees）运作。

处理各级别的成人游泳和健身事务的另一个国家管理机构是美国铁人三项协会（USA Triathlon）。该组织针对所有年龄段，由于铁人三项的其中一项是游泳，如果您选择参加多项运动型的健身或比赛，它可以为您提供一些继续练习游泳的机会。

除了国家管理机构以外，您还可以联系一些专业的游泳教学和辅导机构，以获得更多的资源。您需要做的就是用"游泳指导"或"游泳课程"等关键字来搜索他们。您可以找到许多机构，其中也可能有自己正在考虑预约泳道位置的机构，所以您可以方便地继续自己的游泳之旅。

游泳对于健康、保健和比赛来说都是一项极好的运动；它也是一项生存技能，因为在紧急情况下，它可能意味着幸免于难。愿本书不仅能帮助您成为更好的泳手，还可以让您踏上以游泳作为终身运动的旅程！